Arno Fischer: Eine Reise

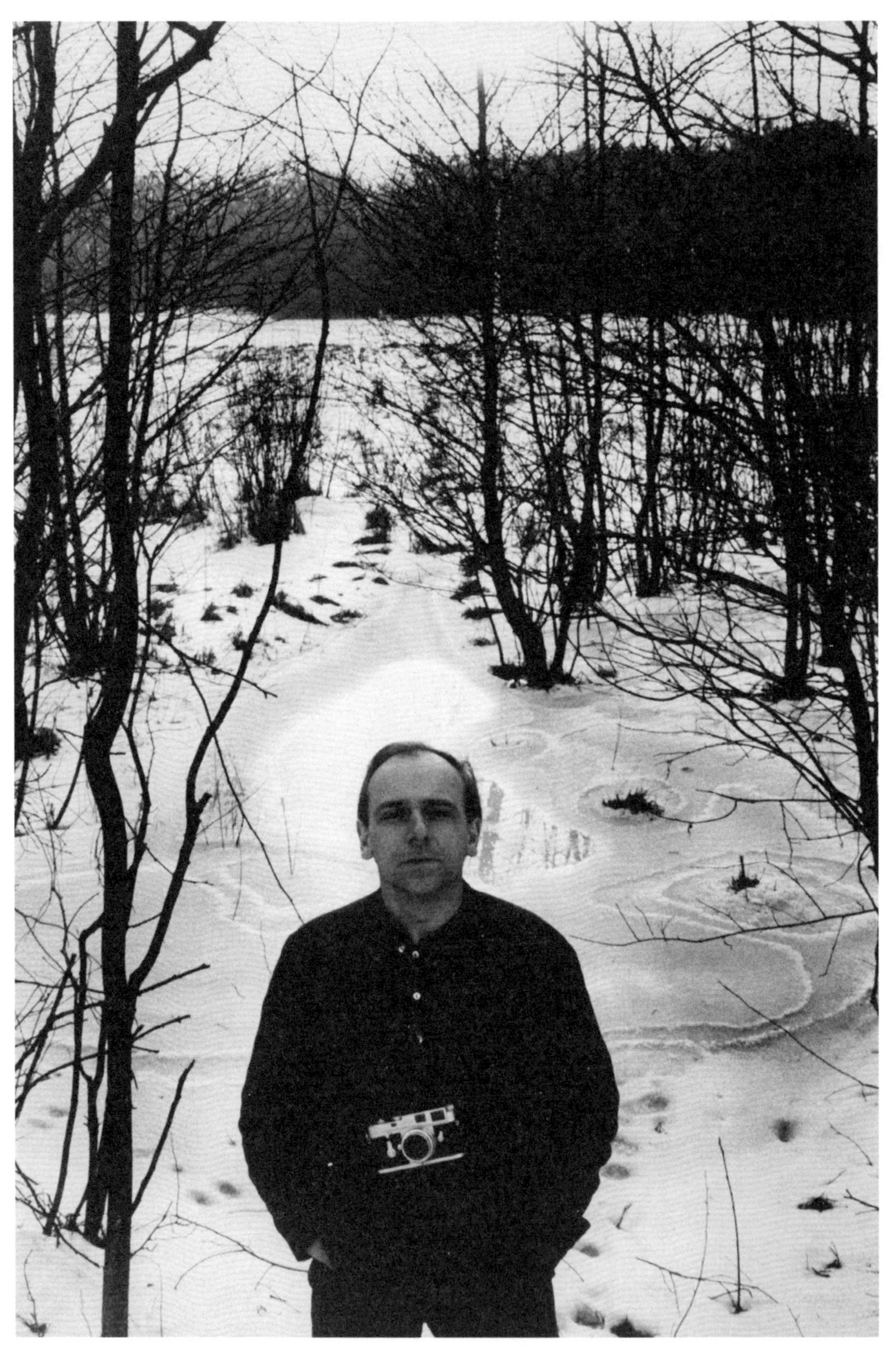

II

Arno Fischer was born in Wedding, Berlin, in 1927 and raised by his aunt and uncle, Erna and Franz Zabel, after the untimely death of his parents; his mother died in 1938 and his father in 1941. His uncle, a fervent amateur photographer, encouraged Fischer to purchase a Voigtländer 6 × 9 camera with his earnings from his apprenticeship as a carpenter at Borsigwerke (1941–44) and to document Berlin. It was with this camera that Fischer took his first known photograph of the city in 1943, *Brennendes Berlin* (Burning Berlin). Shortly afterwards and before volunteering to serve in the navy one year later, Fischer exchanged this model for a 35mm Leica, an easier-to-handle camera that allowed him to capture his surroundings with greater ease and speed.

Following the Second World War, Fischer enrolled first at the Käthe-Kollwitz-Kunstschule in Tiergarten and later at the Kunsthochschule

Berlin in Weißensee and the Hochschule für Bildende Kunst in Charlottenburg, where he took classes in drawing and sculpture. It was during his studies, which would last from 1947 until 1953, that he returned to the streets of Berlin with his camera in hand and photographed people, places, and objects. Meant to serve as references for his sculptures, these early photographs caught the attention of Alexander Gonda, a professor at the Hochschule für Bildende Kunst who urged Fischer to work more with the medium of photography. It was with Gonda's encouragement that Fischer decided to end his formal training and dedicate himself fulltime to photography.

With this decision, Fischer returned to familiar territory – the streets of Berlin – to produce his most celebrated series, *Situation Berlin* (1953–1960). Over the course of seven years, he traversed the streets of the city and photographed

Berliners against a multitude of urban backdrops as they walked, waited, and watched events that almost always took place outside the photographic frame. These black and white photographs, over twenty of which are included in this exhibition, document everyday life in postwar Berlin and call attention not only to the city's recent past, but also to the growing ideological and economic disparities that would ultimately lead to its physical division in 1961.

While working on *Situation Berlin*, Fischer had experiences that would influence his photographic practice and the direction of his career. The photographer was exposed to Edward Steichen's exhibition *The Family of Man*, which travelled to West Berlin in 1955, and to the films of Sergei Eisenstein, Marcel Carné and the Italian neorealists that played along the Kurfürstendamm; the former gave him insight into humanist photography in the postwar years and the latter showed him multiple ways of capturing and framing what he saw through his camera's viewfinder. He also began to learn about the work of his like-mind contemporaries, including East German photographer Evelyn Richter, who he would befriend and begin working with in 1958, and Swiss photographer Robert Frank. After submitting eight images from *Situation Berlin* to the annual issue of *U.S. Camera* in 1958, Fischer received a complimentary copy that included one image from the series – *Riss in der Mauer* (Crack in the Wall) – printed alongside images from Robert Frank's *The Americans*. Edited by Tom Maloney, this issue dedicated twenty-four pages to Frank's Guggenheim-funded project, which, as Fischer admitted during his last known interview, left him feeling validated and wanting to continue his work on the streets of Berlin, as there was "someone else photographing like him."[1]

It was also during this period that Fischer took on various jobs, working as a photographic laboratory assistant in a private institute for radiology (1954–56) and teaching photography classes at the Kunsthochschule Berlin (KHB, 1956–1971), to sustain his photographic practice. He would also receive support from Günther Rücker, who took a keen interest in his photographs of Berlin. The East German playwright and documentary filmmaker not only gave Fischer a monthly stipend of three hundred DM between 1955 and 1960, but he also helped him secure a book deal with Verlag Edition Leipzig in 1960.[2] Over the next year, the photographer worked on the sequencing and framing of his Berlin photographs for a photobook titled, like his series, *Situation Berlin*. A dummy that included excerpts and texts written by German writers and political figures, ranging from Bertolt Brecht to Walter Ulbricht, was presented at the Leipzig book fair in the fall of 1961, a few weeks after East German soldiers began to construct the Berlin Wall. Unfortunately, after a party member saw its cover and allegedly claimed “Comrades, comrades! Berlin is no longer a situation,” it was taken away and Fischer’s series remained largely unseen until 2001, when he and Ulrich Domröse, then the chief curator of photography at the Berlinische Galerie, published an edited version of the photobook.[3] The dummy appears alongside images from the series *Situation Berlin* in Schloss Kummerow.

Several weeks after this disappointment, Fischer received an invitation by Dorothea Bertram, a recent fashion graduate who had taken a photography class with Fischer at the KHB and who asked him to photograph her thesis collection, to work at *Sibylle: die Zeitschrift für Mode und Kultur*. At the time, the magazine was undergoing a significant transformation; its editor-in-chief Margot Pfannstiel had tasked Bertram, the magazine's new fashion editor, with hiring people who could help turn the outdated bimonthly "into a contemporary magazine."[4] She also gave Bertram and those hired by her a high degree of latitude. For Fischer, this meant that he could choose his own models and decide on the concepts and locations of his fashion shoots. His first fashion series *Herbstmode in Berlin* appeared in the fourth issue of 1962 and marked a turning point for the magazine. The models photographed by Fischer – young, attractive women he found on the streets of East Berlin and in its cafés, bars, and university libraries – were not seen wearing clothes that resembled the designs of Chanel and Lanvin and posing awkwardly in the studio, as was typical in the magazine in the 1950s: they were seen running through the streets or posing against recognizable buildings and locations in East

Berlin while wearing the latest designs by East German fashion designers. Fischer would continue to take his models outdoors and to photograph them against unexpected backgrounds, such as open cast mines in the industrial town of Bitterfeld, DEFA film sets in Babelsberg, and ruins in East Berlin, throughout the 1960s. In doing so, he pushed the boundaries of East German fashion photography and attracted the attention of Sibylle Bergemann, Roger Melis, and Michael Weidt, among other photographers, who would begin working for the magazine in the second half of the decade.

Fischer would also accept commissions from *Freie Welt*, *Sonntag*, *Das Magazin*, and the publishing house Volk & Welt while working for *Sibylle*. Assignments from these various sources allowed him to travel throughout the Eastern Bloc and the Soviet Union and to Equatorial Guinea and India, where he photographed ordinary citizens and their everyday lives and, at times, celebrities like Marlene Dietrich and Maya Plisetskaya. Several of these commissions resulted in illustrated books published by Volk & Welt, including *Polens Hauptstädte* (Poland's Major Cities) in 1974 and *Alt-Delhi, Neu-Delhi* (Old Delhi, New Delhi) in 1983. In 1988, the publishing house would also publish *New York Ansichten* (New York Views) – a photobook comprised of black-and-white and colour photographs taken by Fischer on the streets of New York City. Fischer had visited the city on two separate occasions, once in 1978 and then again in 1984, on behalf of the East German Ministry of Culture to look for examples of worker photographs for the reliefs on the steles at the Marx-Engels-Forum in Mitte, Berlin.

When not working on assignments and travelling around the globe in the 1960s, 1970s, and 1980s, Fischer was busy exchanging ideas with

Bergemann, Melis, Weidt, Elisabeth Meinke, and Brigitte Voigt. These photographers were part of *DIREKT*, a group that formed around Fischer in 1965 and that would contribute to the diversification of East Germany's visual culture in the following two decades. He also hosted artist gatherings with his wife, Bergemann, in their apartment on the Schiffbauerdamm in East Berlin. These get-togethers included their circle of friends, Fischer's students, and international photographers Frank, Henri Cartier-Bresson, and René Burri, among others, who had been invited to Berlin by the Centre Culturel Français and the Amerika Haus. Fischer also mentored what would become the last generation of East German photographers at the Hochschule für Grafik und Buchkunst Leipzig (HGB) and worked on *Der Garten* (1978–2007), a Polaroid series capturing people, places, and objects located in and around his garden in Gransee.

An endeavour with both conceptual and formal ties to his work on the streets of Berlin in the early 1950s, *Der Garten* would take the photographer almost 30 years to complete.

After the fall of the Berlin Wall, Fischer dedicated himself to working on *Der Garten* and teaching photography classes at the HGB (until 1993), the Fachhochschule Dortmund (1990–2000), and the Fotografie am Schiffbauerdamm (FAS), a school he co-founded in 2001. From 2006 until his death in 2011, Fischer spent more and more time at his home in Gransee with Bergemann, returning to Berlin mostly to teach at the Ostkreuzschule für Fotografie und Gestaltung, where his classrooms were filled with students eager to learn from one of the most important German photographers of the 20th century.

Featuring over one hundred works, some of which have never been exhibited before,

Arno Fischer: Eine Reise (Arno Fischer: A Journey) explores Fischer's street, fashion, portrait, and documentary photographs, trips around the world, and social networks. As suggested by its title, a reference to Fischer's travels and to the location of Schloss Kummerow, the exhibition takes visitors on a journey across photographic genres, continents, and decades.

Candice M. Hamelin

Portrait Arno Fischer:
Elisabeth Meinke, Arno Fischer mit Leica, Silbergelatineabzug (Vintage) / Vintage silver gelatin print, 28,8 × 18,7 cm, 1962, LOOCK Galerie, Berlin
© Erbengemeinschaft Elisabeth Meinke

1 Arno Fischer, interview by Candice M. Hamelin, Gransee, Germany, July 12, 2011.
2 Primary source material in the Arno Fischer Archive, overseen by the Galerie Berinson, Berlin, suggests that Fischer intended to publish his series *Situation Berlin* in a photobook – titled "1958 berlin bilder stories" – in 1958, several years before he began working with Verlag Edition Leipzig.
3 Ulrich Domröse, "A Crack in the Wall," in: Arno Fischer, *Situation Berlin. Fotografien 1953–1960*, ed. Berlinische Galerie, Landesmuseum für Moderne Kunst, Photographie und Architektur (Berlin: Nicolaische Verlagsbuchhandlung, 2001), 12.
4 Dorothea Melis, *Sibylle: Modefotografien 1962–1994* (Leipzig: Verlag Lehmstedt, 2010), 6.

Arno Fischer wurde 1927 im Berliner Stadtteil Wedding geboren und wuchs nach dem frühen Tod seiner Eltern (die Mutter starb 1938, der Vater 1941) bei seiner Tante Erna und seinem Onkel Franz Zabel auf. Der Onkel, ein leidenschaftlicher Amateurfotograf, ermutigte Fischer, sich von seinem Verdienst als Zimmermannslehrling bei den Borsigwerken (1941–44) eine Voigtländer 6 × 9 zu kaufen und damit Berlin zu dokumentieren. Es war diese Kamera, mit der Fischer 1943 die erste von ihm bekannte – *Brennendes Berlin* betitelte – Aufnahme der Stadt machte. Kurz danach und bevor er sich freiwillig zur Marine meldete, tauschte Fischer dann das Modell gegen eine 35mm Leica, eine einfacher zu handhabende Kamera, die es ihm erlaubte, seine Umgebung leichter und schneller festzuhalten.

Nach dem Zweiten Weltkrieg schrieb Fischer sich zunächst an der Käthe-Kollwitz-Kunstschule in Tiergarten und später an der Kunsthochschule Berlin in Weißensee und der Hochschule für Bildende Kunst in Charlottenburg ein, wo er Zeichen- und Bildhauereiklassen belegte. Im Zuge des Studiums, das von 1947 bis 1953 dauerte, kehrte er mit der Kamera in der Hand auf die Straßen von Berlin zurück und fotografierte Menschen, Orte und Objekte. Diese frühen Aufnahmen, die ihm eigentlich als Anregung für seine Skulpturen dienen sollten, weckten die Aufmerksamkeit Alexanders Gondas, eines Professors an der Hochschule für Bildende Kunst, der Fischer aufforderte, mehr mit dem Medium Fotografie zu arbeiten. Gondas Ermutigung veranlasste Fischer, seine formale Ausbildung abzubrechen und sich ganz der Fotografie zu widmen.

Mit diesem Entschluss kehrte Fischer auf vertrautes Terrain, die Straßen von Berlin, zurück, wo er dann seine berühmteste Serie

Situation Berlin (1953–1960) schuf. Im Verlauf von sieben Jahren durchstreifte er die Straßen der Stadt und fotografierte Berliner*innen vor einer Vielzahl urbaner Kulissen, wobei die von ihm abgelichteten Personen zu Fuß unterwegs waren, warteten oder etwas beobachteten, was sich fast immer außerhalb des Bildausschnitts abspielte. Diese Schwarz-Weiß-Aufnahmen, von denen über zwanzig in der Ausstellung gezeigt werden, dokumentieren das Alltagsleben im Berlin der Nachkriegszeit und lenken die Aufmerksamkeit nicht nur auf die jüngere Vergangenheit der Stadt, sondern auch auf die zunehmenden ideologischen und wirtschaftlichen Differenzen, die letztlich 1961 zur physischen Teilung der Metropole führen sollten.

Während der Arbeit an *Situation Berlin* machte Fischer Erfahrungen, welche seine fotografische Praxis und die weitere Richtung seiner Laufbahn beeinflussten. Der Fotograf sah

Edward Steichens Ausstellung *The Family of Man*, die 1955 auch nach Westberlin kam, sowie Filme von Sergei Eisenstein, Marcel Carné und den italienischen Neorealisten, die in Kinos am Kurfürstendamm liefen. Erstere vermittelte ihm einen Einblick in die humanistische Fotografie der Nachkriegsjahre, Letztere zeigten ihm verschiedene Methoden, das, was er durch den Sucher seiner Kamera sah, im Einzelbild festzuhalten. Außerdem lernte er die Arbeit ihm geistesverwandter Zeitgenossen kennen, darunter die ostdeutsche Fotografin Evelyn Richter, mit der er sich 1958 anfreundete und zusammenzuarbeiten begann, sowie den Schweizer Fotografen Robert Frank. Nachdem er 1958 acht Bilder aus *Situation Berlin* für das Jahresheft von *U.S. Camera* eingereicht hatte, erhielt Fischer ein Freiexemplar – es enthielt mit *Riss in der Mauer* ein Bild aus jener Serie, das neben Bildern aus Robert Franks *The Americans* abgedruckt war. Das von Tom Maloney herausgegebene Heft widmete 24 Seiten Franks vom Guggenheim finanzierten Projekt, was Fischer, wie er in seinem wohl letzten Interview sagte, mit Genugtuung erfüllte und ihn veranlasste, weiter auf den Straßen von Berlin zu arbeiten, da es ja „noch jemand anderen gab, der wie er fotografierte".[1]

Außerdem nahm Fischer in diesem Zeitraum verschiedene Jobs an – er arbeitete von 1954 bis '56 als Assistent in einem Fotolabor in einem privaten Röntgeninstitut und gab von 1956 bis '71 Fotografieunterricht an der Kunsthochschule Berlin (KHB) –, um seine eigene fotografische Praxis weiterführen zu können. Unterstützt wurde er außerdem von Günther Rücker, der sich sehr für seine Fotos von Berlin interessierte. Der ostdeutsche Dramatiker und Dokumentarfilmer stellte Fischer nicht nur von 1955 bis '60 ein monatliches Stipendium von 300 DM zur

Verfügung, sondern er verschaffte ihm 1960 auch einen Buchvertrag mit dem Verlag Edition Leipzig.[2] Im Lauf des nächsten Jahres arbeitete der Fotograf an der Sequenzierung und Gestaltung seiner Berlin-Aufnahmen für ein Fotobuch, das wie seine Serie den Titel *Situation Berlin* trug. Ein Dummy, der Texte und Textauszüge enthielt, welche von deutschen Schriftsteller*innen sowie politischen Größen wie etwa Bertolt Brecht und Walter Ulbricht stammten, wurde 1961 auf der Leipziger Buchmesse präsentiert, wenige Wochen, nachdem ostdeutsche Soldaten begonnen hatten, die Berliner Mauer zu errichten. Als unglücklicherweise ein Parteimitglied die Umschlagseite sah und, so die Legende, ausrief „Genossen, Genossen! Berlin ist keine Situation mehr", wurde das Objekt entfernt. Fischers Serie blieb bis 2001, als er und Ulrich Domröse, damals der Chefkurator für Fotografie an der Berlinischen Galerie, eine bearbeitete Version des Fotobuchs herausgaben, weitgehend unbekannt.[3] Der Dummy ist in Schloss Kummerow neben den Bildern aus der Serie *Situation Berlin* zu sehen.

Mehrere Wochen nach diesem enttäuschenden Vorfall erhielt Fischer, von Dorothea Bertram, die seinerzeit ein Fotoseminar bei Fischer an der KHB besucht und ihn gebeten hatte, ihre Abschlusskollektion zu fotografieren, eine Einladung, für *Sibylle: die Zeitschrift für Mode und Kultur* zu arbeiten. Das Magazin machte damals gerade eine erhebliche Verwandlung durch: Die Chefredakteurin Margot Pfannstiel hatte Bertram, die neue Moderedakteurin der Zeitschrift, damit beauftragt, Mitarbeiter*innen anzuheuern, mit denen sich die altmodische, alle zwei Monate erscheinende Zeitschrift „in ein zeitgenössisches Magazin" verwandeln ließe.[4] Dabei gestand sie Bertram und den von ihr Angestellten viel Handlungsspielraum zu.

Für Fischer bedeutete dies, dass er sich seine eigenen Models aussuchen und die Konzepte und Schauplätze seiner Modeshootings selbst bestimmen konnte. Seine erste Modeserie *Herbstmode in Berlin* erschien im vierten Heft 1962 und war ein Wendepunkt für das Magazin. Die von Fischer fotografierten Models – junge, attraktive Frauen, die er auf den Straßen und in den Cafés, Bars und Universitätsbibliotheken Ostberlins aufgegabelt hatte – trugen auf diesen Bildern keine Kleidung, die an die Entwürfe von Chanel und Lanvin erinnerte, und sie posierten auch nicht unbeholfen im Studio, wie das in den 1950ern noch typisch für die Fotos in dieser Zeitschrift gewesen war. Stattdessen liefen sie durch die Straßen oder posierten vor wiedererkennbaren Gebäuden und anderen Schauplätzen in Ostberlin und trugen dabei die jüngsten Entwürfe ostdeutscher Modedesigner. Auch später, die ganzen 1960er hindurch, sollte Fischer seine Models ins Freie holen und vor unerwarteten Kulissen fotografieren, etwa dem offenen Tagebau in der Industriestadt Bitterfeld, vor DEFA-Filmsets in Babelsberg und vor Ostberliner Ruinen. Damit erweiterte er die Grenzen der ostdeutschen Modefotografie und weckte die Aufmerksamkeit von Sibylle Bergemann, Roger Melis und Michael Weidt sowie weiterer Fotograf*innen, die in der zweiten Hälfte des Jahrzehnts für das Magazin zu arbeiten begannen.

Während seiner Zusammenarbeit mit der Zeitschrift *Sibylle* nahm Fischer auch Aufträge von *Freie Welt*, *Sonntag*, *Das Magazin* und dem Verlag Volk & Welt an. Dank dieser unterschiedlichen Auftraggeber konnte er durch den Ostblock und die Sowjetunion sowie nach Äquatorialguinea und Indien reisen, wo er gewöhnliche Bürger*innen und ihr Alltagsleben, gelegentlich aber auch Prominente wie Marlene

Dietrich und Maya Plissezkaja fotografierte. Mehrere dieser Aufträge zogen illustrierte Bücher nach sich, darunter *Polens Hauptstädte* und *Alt-Delhi, Neu-Delhi*, beide vom Verlag Volk & Welt publiziert (1974 bzw. 1983). Im selben Verlag erschien 1988 auch *New York Ansichten*, ein Fotobuch mit Schwarz-Weiß- und Farbaufnahmen, die Fischer in den Straßen von New York City gemacht hatte – er hatte die Stadt bei zwei unterschiedlichen Gelegenheiten, das erste Mal 1978 und dann 1984, im Auftrag des ostdeutschen Kulturministeriums besucht, um nach musterhaften Arbeiterfotografien für die Gestaltung der Reliefs auf den Stelen am Marx-Engels-Forum in Berlin-Mitte zu suchen.

Wenn er in den 1960ern, 1970ern und 1980ern nicht mit Auftragsarbeiten beschäftigt war und durch die Welt reiste, tauschte Fischer Ideen mit Bergemann, Melis, Weidt, Elisabeth Meinke und Brigitte Voigt aus. Diese Fotograf*innen waren Teil von DIREKT, einer Gruppe, die sich 1965 um Fischer herum gebildet hatte und in den folgenden zwei Jahrzehnten zur Diversifizierung der visuellen Kultur Ostdeutschlands beitrug. Außerdem organisierte er mit Bergemann, seiner Frau, Zusammenkünfte von Künstler*innen in ihrer gemeinsamen Wohnung am Schiffbauerdamm in Ostberlin. Diese Treffen umfassten ihren Freundeskreis, Fischers Student*innen und internationale Fotograf*innen wie etwa Frank, Henri Cartier-Bresson und René Burri, die vom Centre Culturel Français und dem Amerika Haus nach Berlin eingeladen worden waren. Fischer betreute aber auch die, wie sich dann herausstellen sollte, letzte Generation ostdeutscher Fotograf*innen an der Hochschule für Grafik und Buchkunst Leipzig (HGB); und zudem arbeitete er an *Der Garten* (1978–2007), einer Polaroidserie von Menschen, Orten und Objekten in seinem Garten und dessen Umgebung in Gransee. Für die Fertigstellung dieses Projekts, das konzeptionelle und formale Anklänge an seine Arbeit auf den Straßen von Berlin in den frühen 1950ern aufweist, benötigte der Fotograf annähernd 30 Jahre.

Nach dem Fall der Berliner Mauer widmete Fischer sich also weiter der Arbeit an *Der Garten* und unterrichtete außerdem Fotografie an der HGB (bis 1993), der Fachhochschule Dortmund (1990–2000) sowie der Fotografie am Schiffbauerdamm (FAS), einer Schule, die er 2001 mitbegründete. Von 2006 bis zu seinem Tod 2011 verbrachte Fischer immer mehr Zeit mit Bergemann bei sich zu Hause in Gransee, und wenn er nach Berlin zurückfuhr, dann vor allem, um an der Ostkreuzschule für Fotografie und Gestaltung zu unterrichten, wo seine Klassenzimmer voller Student*innen waren, die von einem der berühmtesten deutschen Fotografen des 20. Jahrhunderts lernen wollten.

Mit über hundert Werken, von denen einige nie zuvor ausgestellt wurden, erkundet *Arno Fischer: Eine Reise* Fischers Straßen-, Mode- Porträt- und Dokumentaraufnahmen, seine Reisen durch die Welt sowie seine sozialen Netzwerke. Wie der Titel mit seinem Verweis auf Fischers Reisen wie den Schauplatz Schloss Kummerow nahelegt, nimmt die Ausstellung die Besucher*innen mit auf eine Reise durch fotografische Genres, Kontinente und Jahrzehnte.

Candice M. Hamelin

1 Arno Fischer im Gespräch mit Candice M. Hamelin, Gransee, Deutschland, 12. Juli 2011.

2 Die Primärquellen im von der Galerie Berinson, Berlin, betreuten Arno-Fischer-Archiv legen nahe, dass Fischer die Absicht hatte, seine Serie *Situation Berlin* 1958, also mehrere Jahre, bevor er mit dem Verlag Edition Leipzig zusammenzuarbeiten begann, in einem Fotobuch mit dem Titel „1958 berlin bilder stoires" zu veröffentlichen.

3 Ulrich Domröse, „A Crack in the Wall", in: Arno Fischer, Situation Berlin. Fotografien 1953–1960, hg. v. Berlinische Galerie, Landesmuseum für Moderne Kunst, Photographie und Architektur, Berlin 2001, S. 12.

4 Dorothea Melis, Sibylle: Modefotografien 1962–1994, Leipzig 2010, S. 6.

Unless stated otherwise, all works in *Arno Fischer: Eine Reise* were loaned by the LOOCK Galerie, Berlin and the Arno Fischer Estate.

Sofern nicht anderweitig angegeben, handelt es sich bei allen Werken aus *Arno Fischer: Eine Reise* um Leihgaben der LOOCK Galerie, Berlin, und der Erbengemeinschaft Arno Fischer.

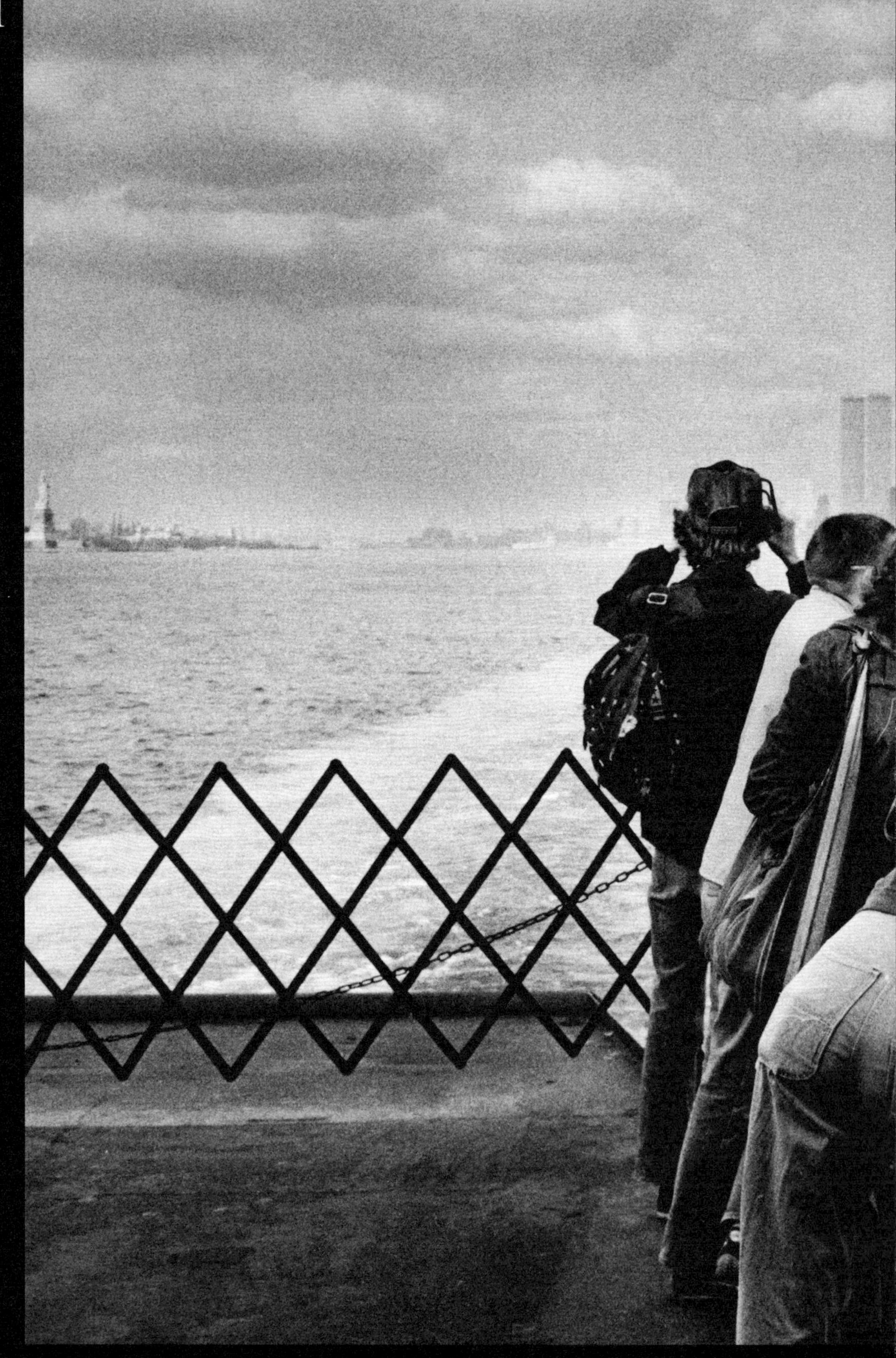

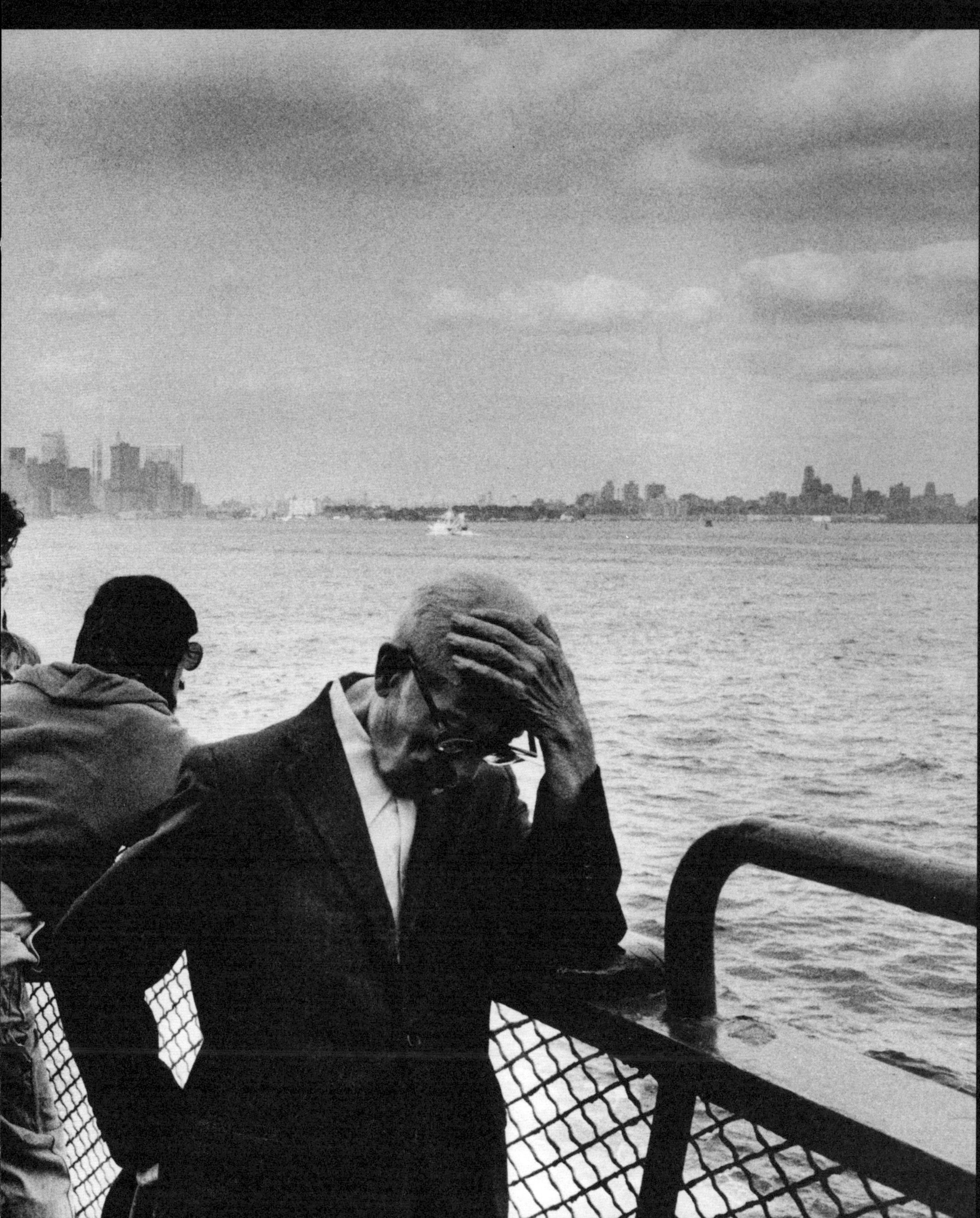

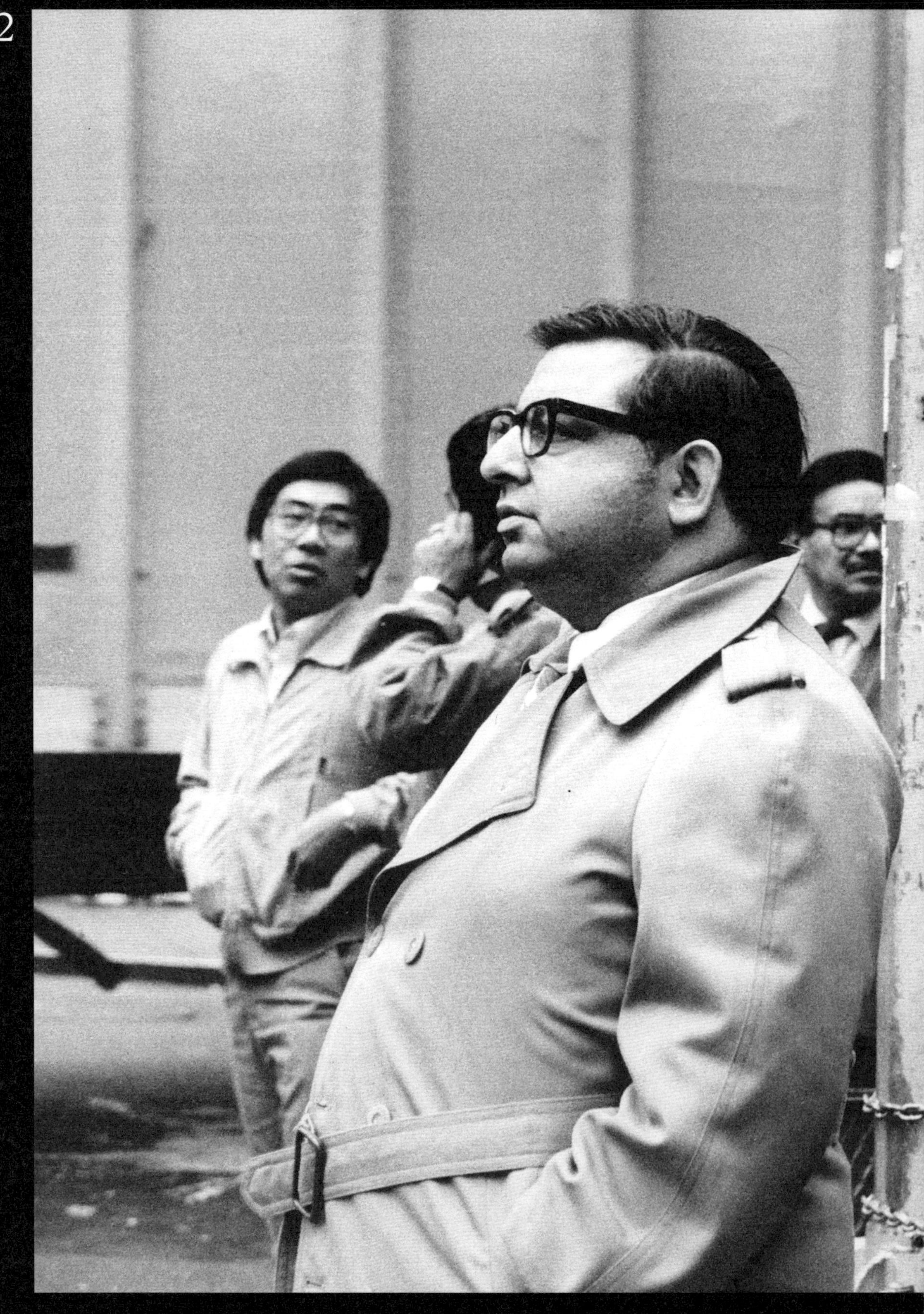

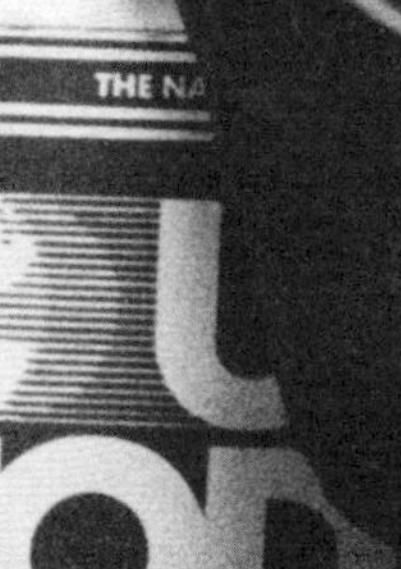
THE NA
TOD

3

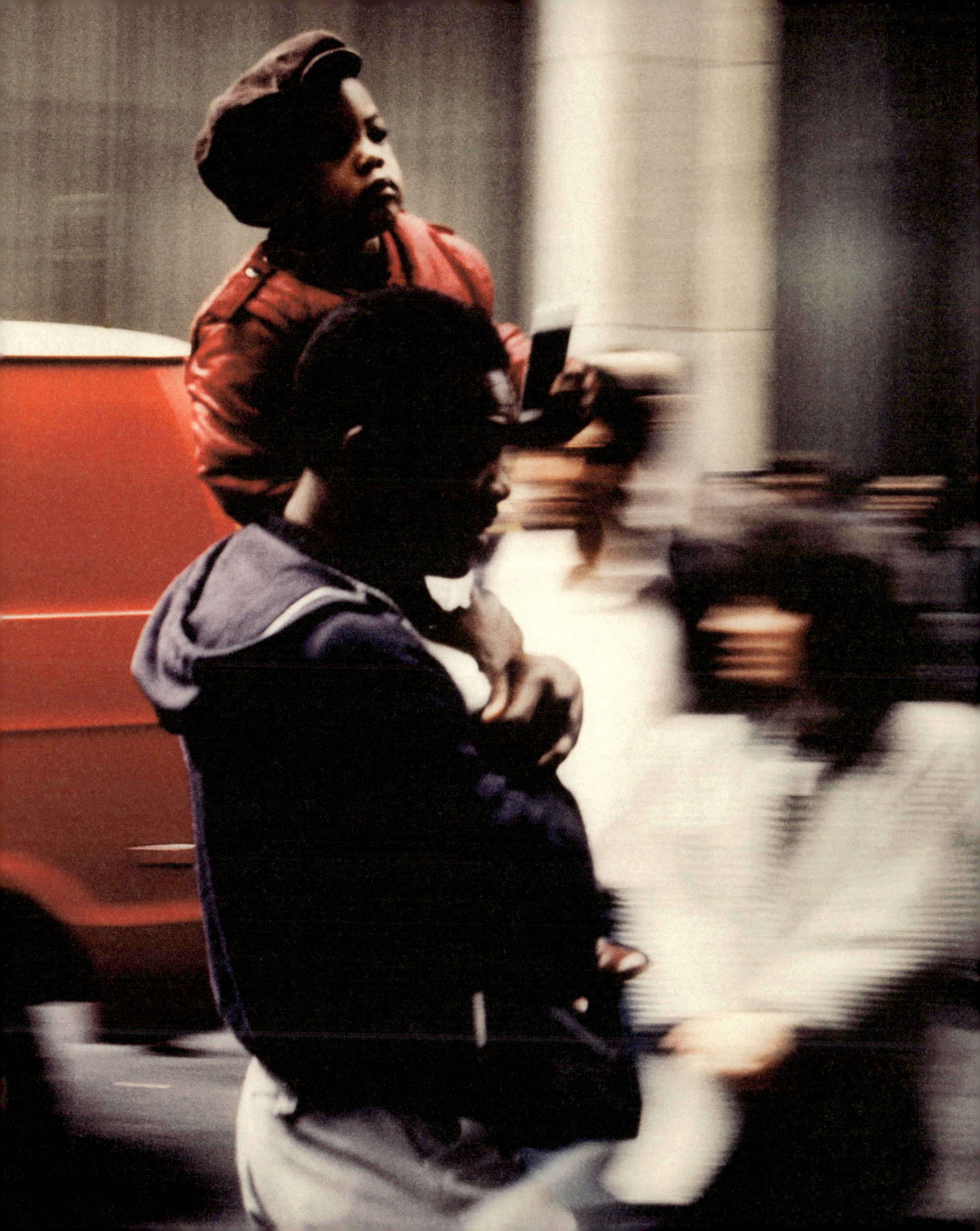

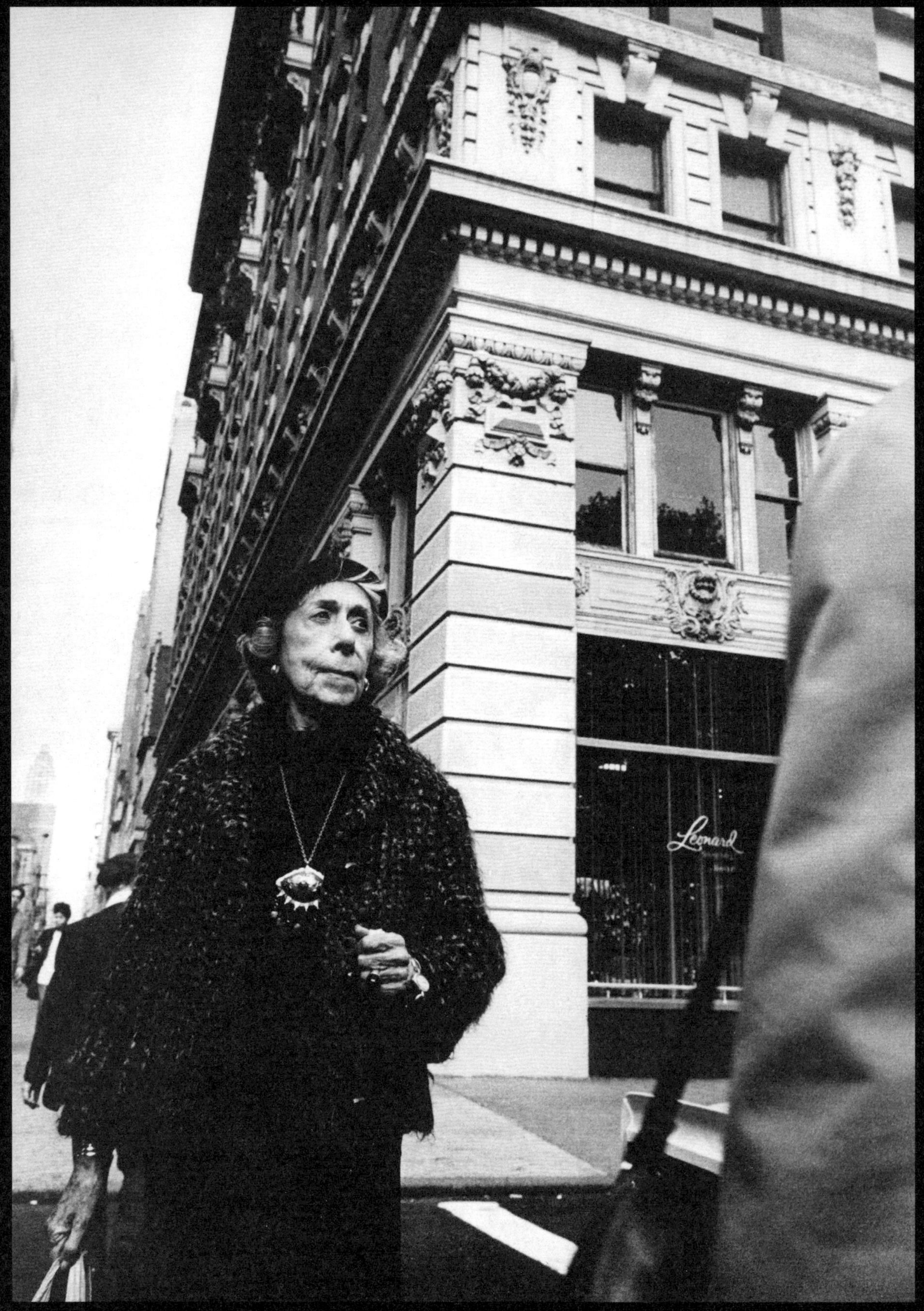
Leonard

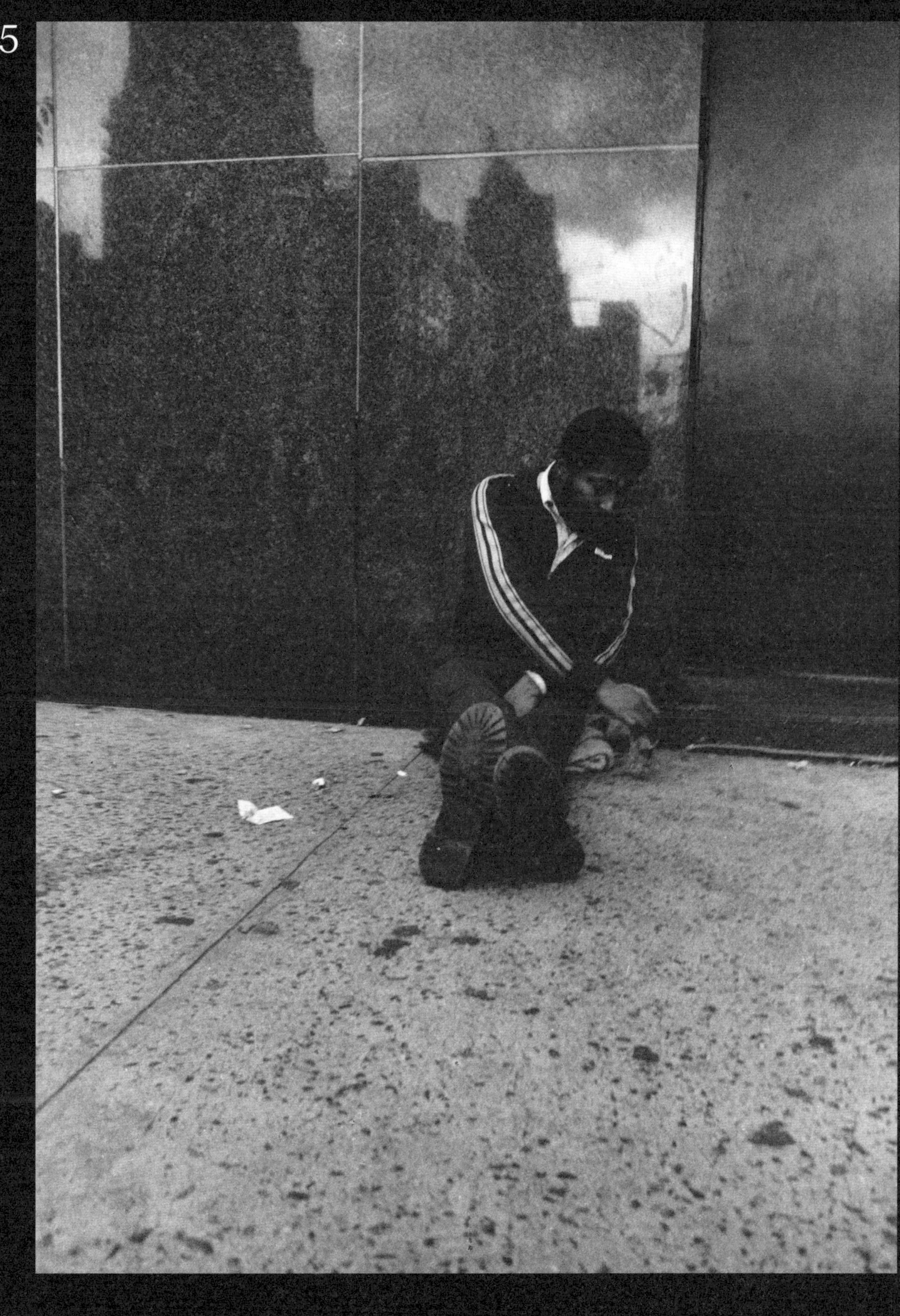

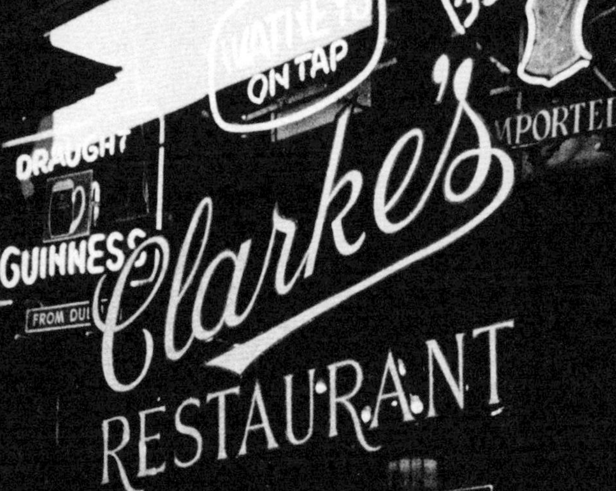
WATNEYS
ON TAP
BECK'S
DRAUGHT
GUINNESS
Clarke's
RESTAURANT

7

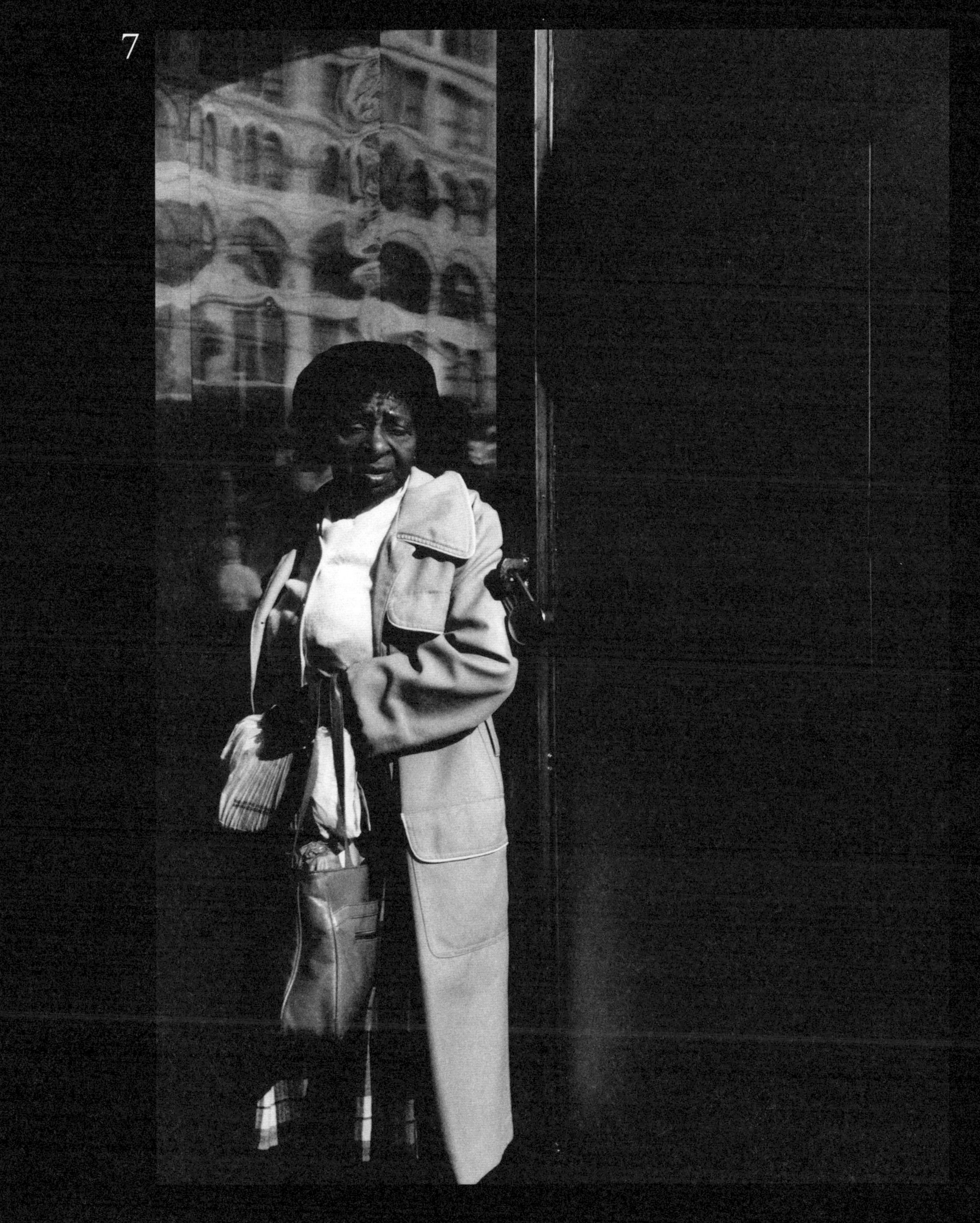

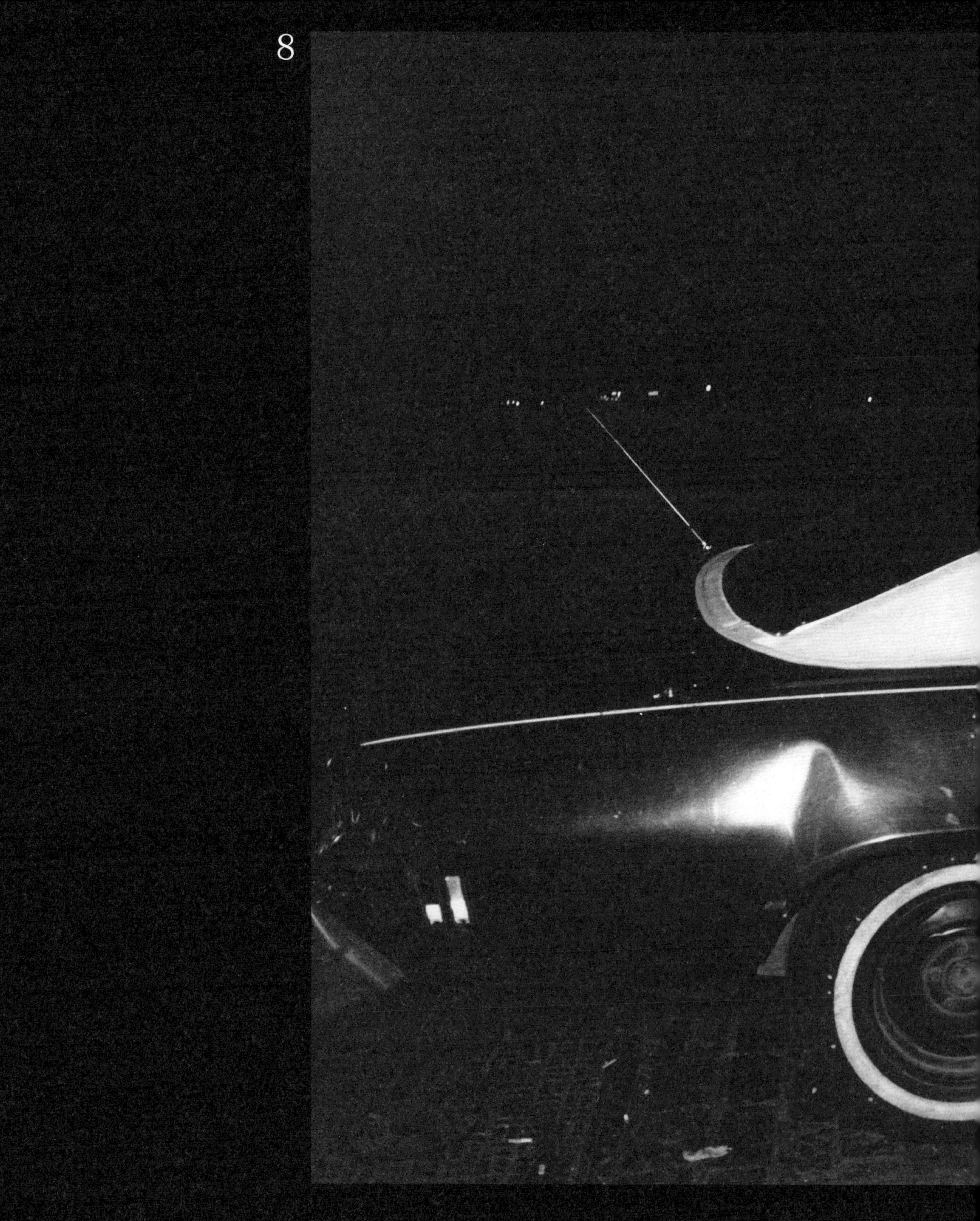

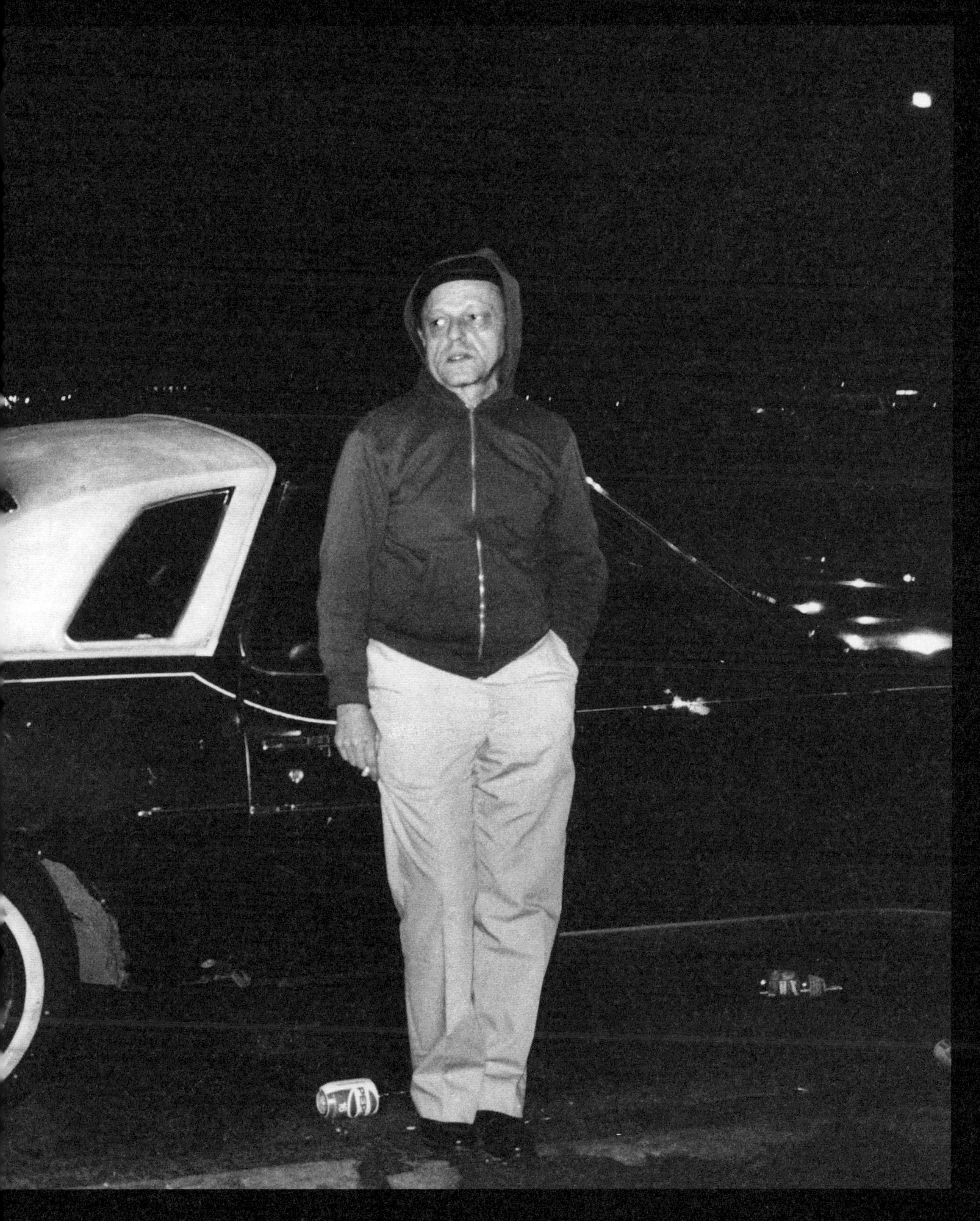

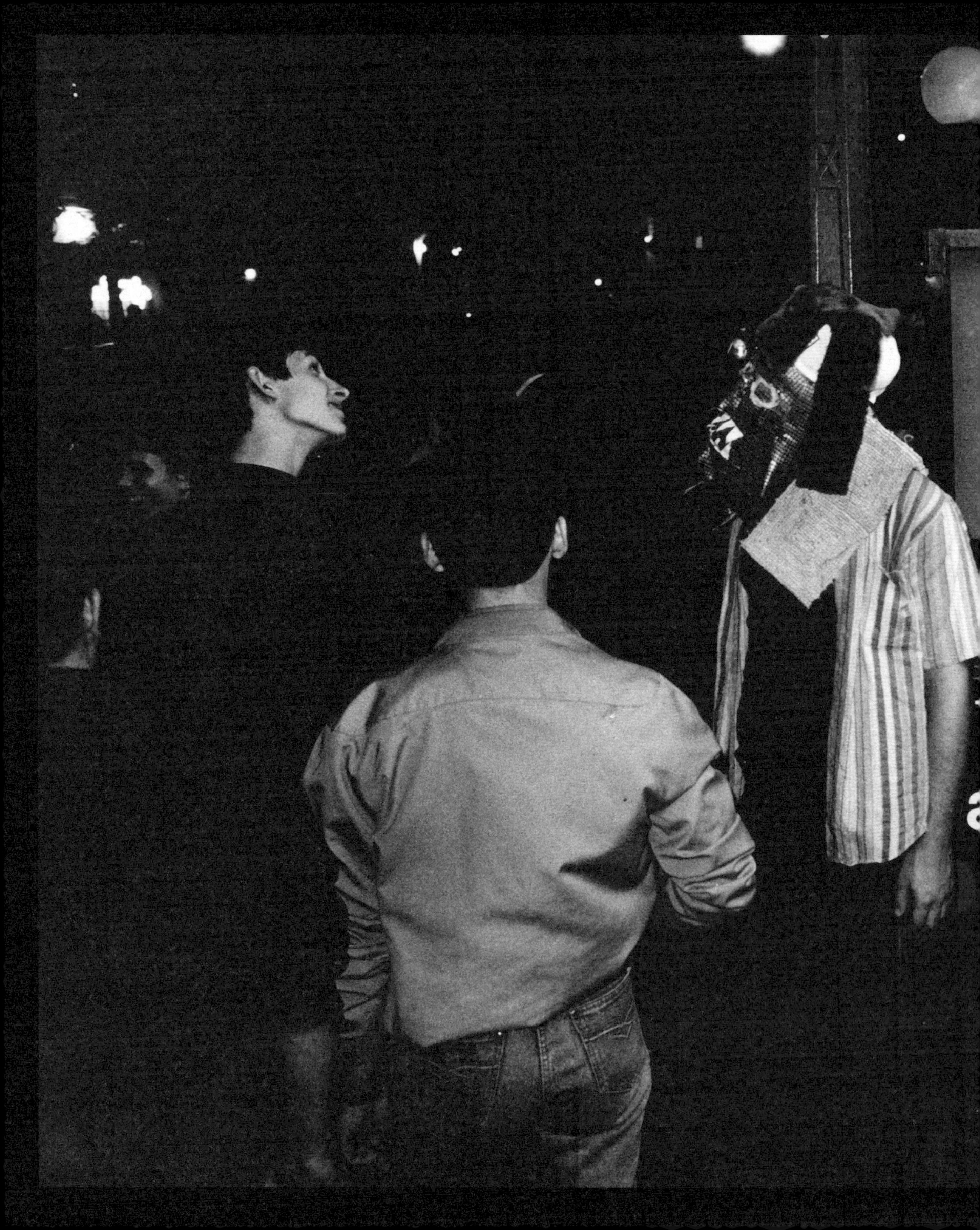

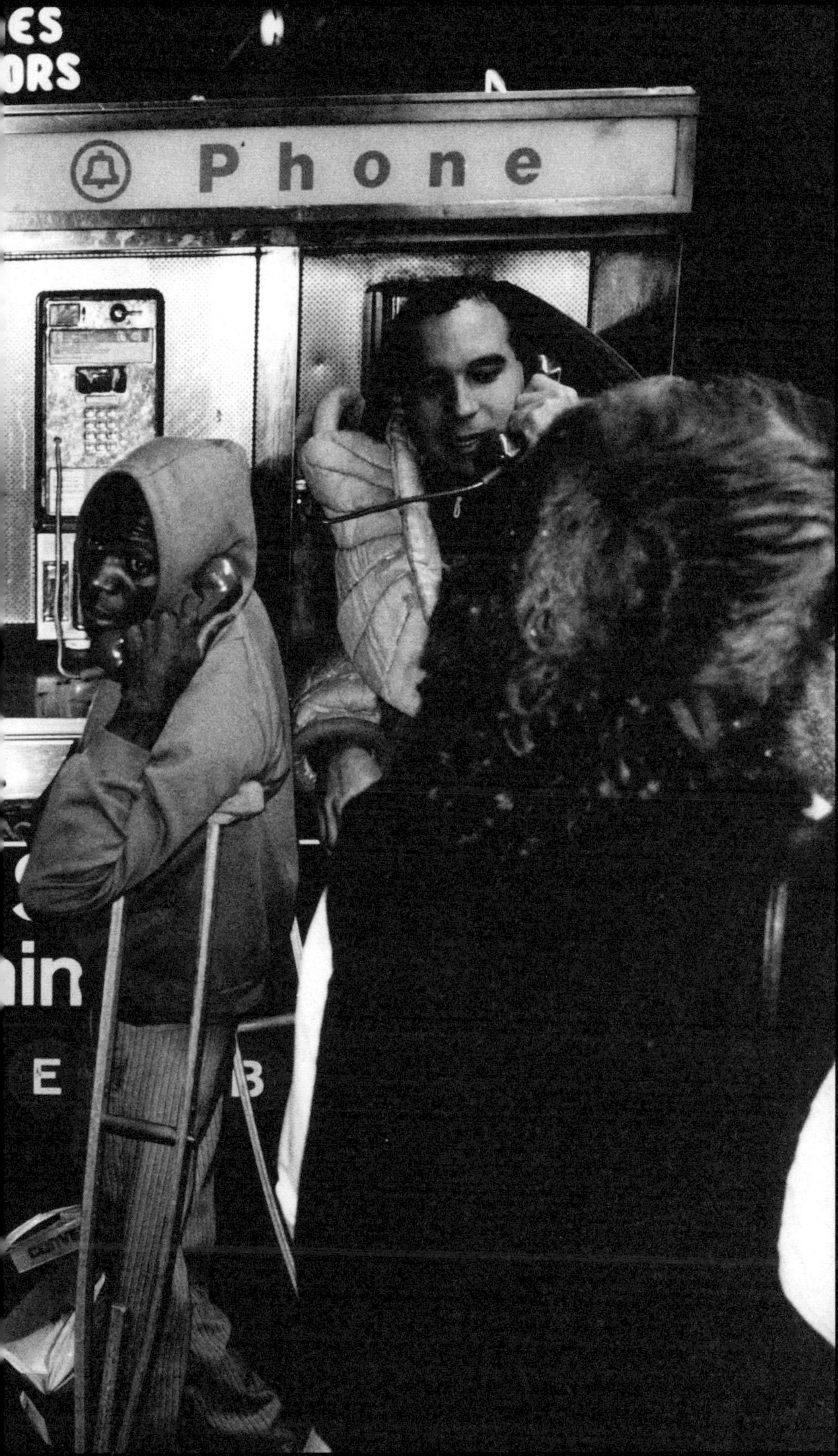

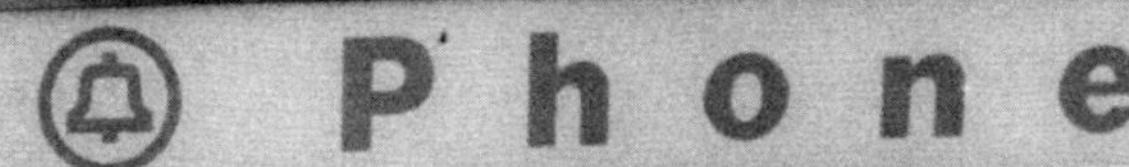
Phone

10

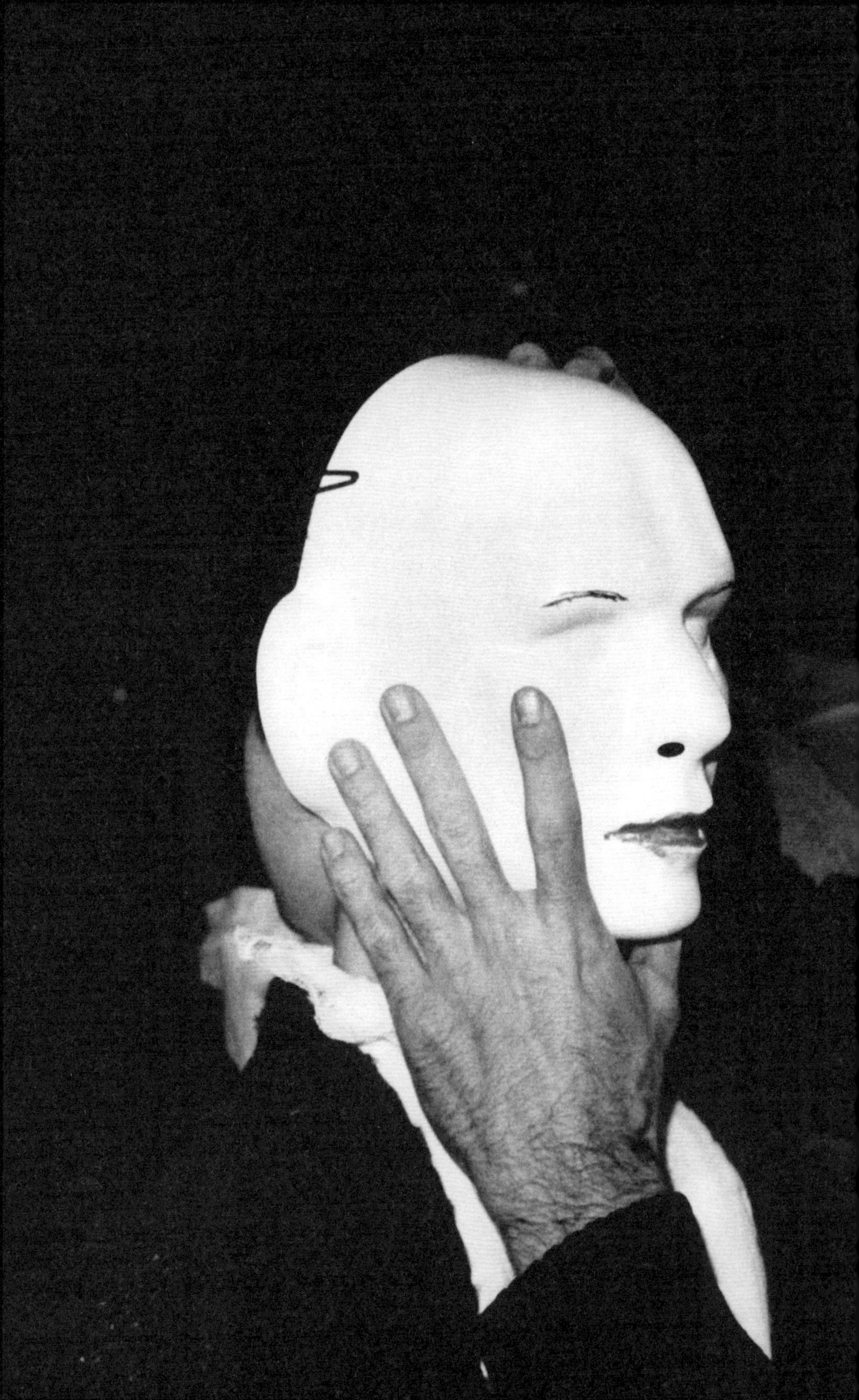

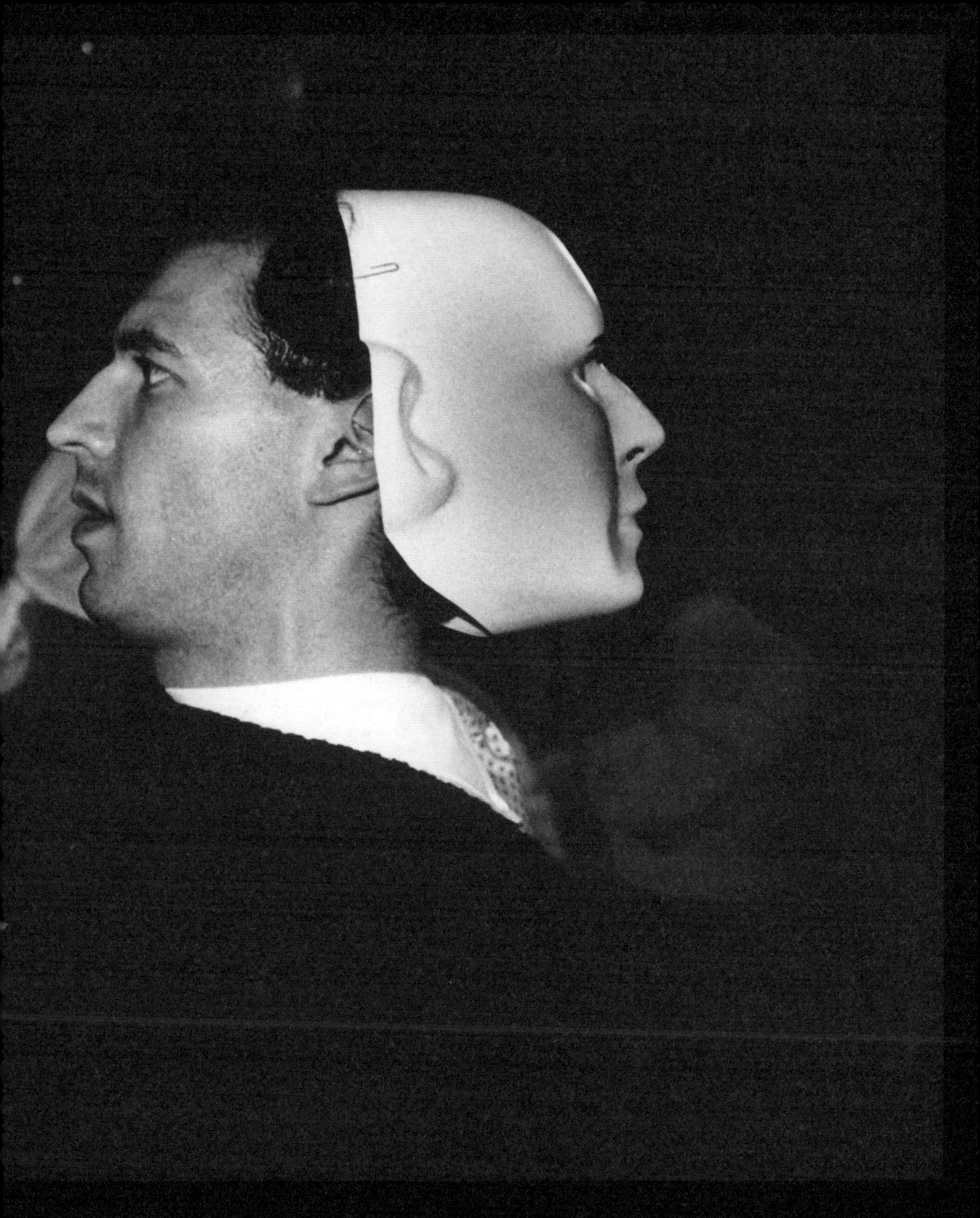

11

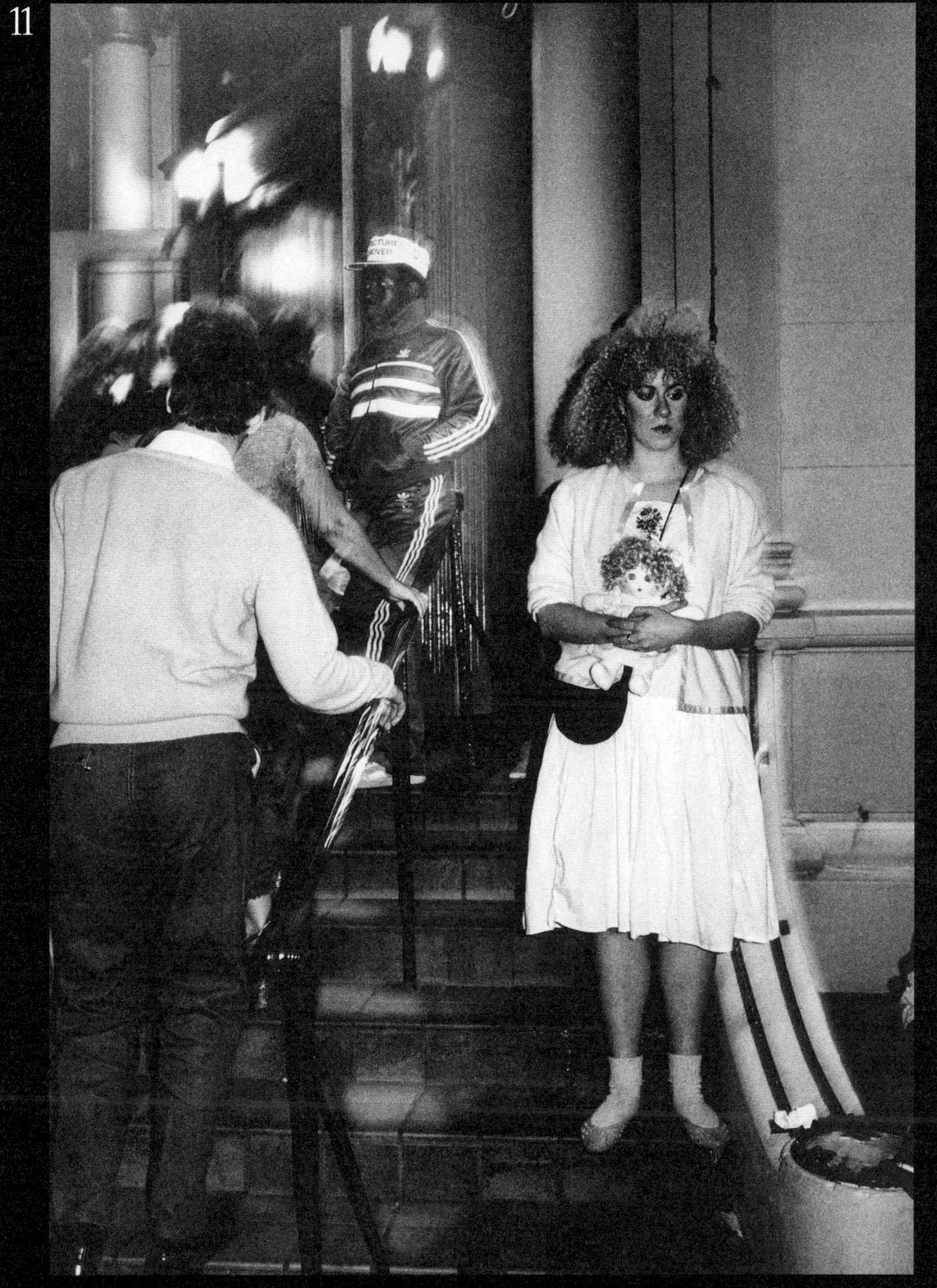

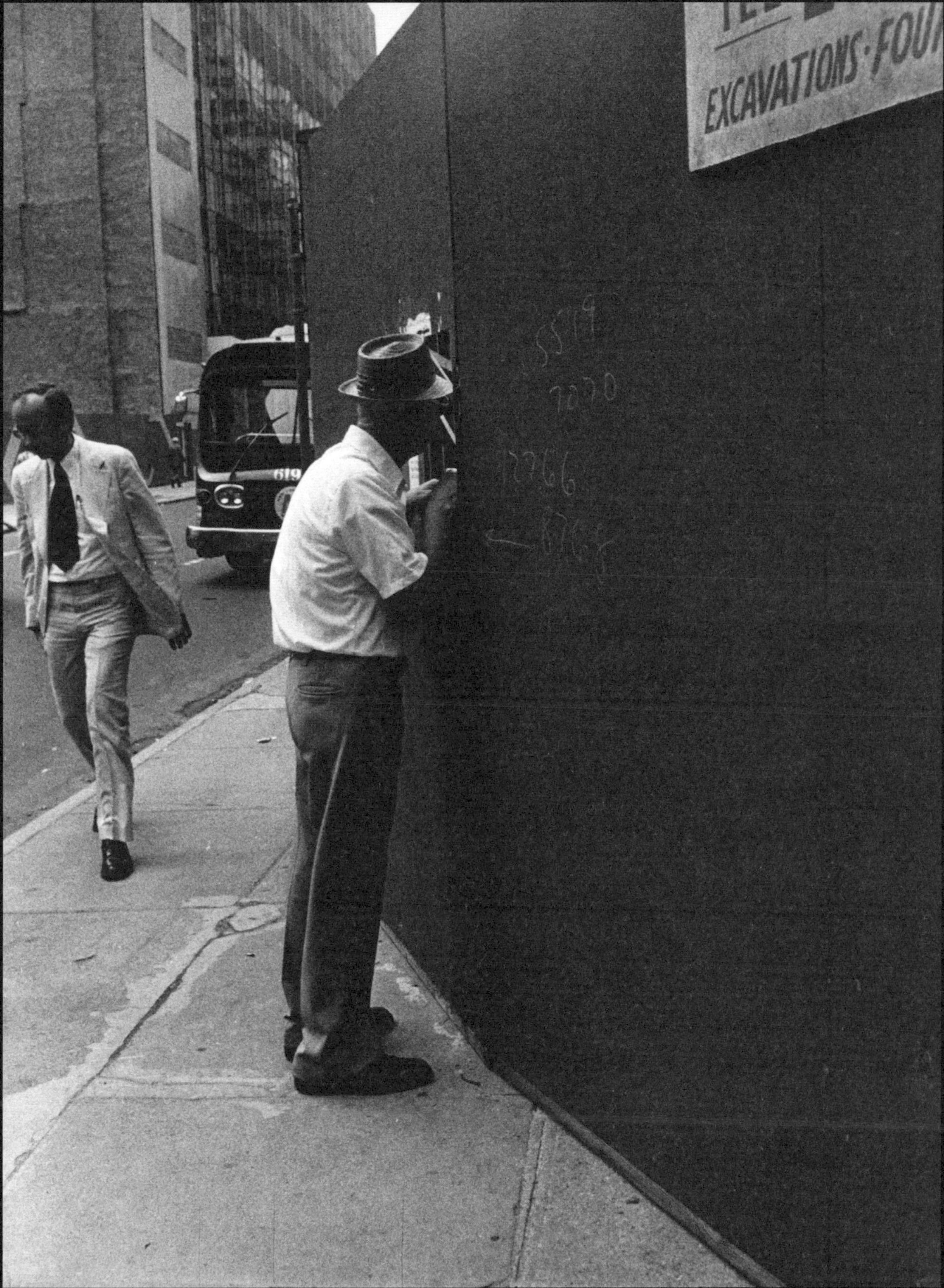

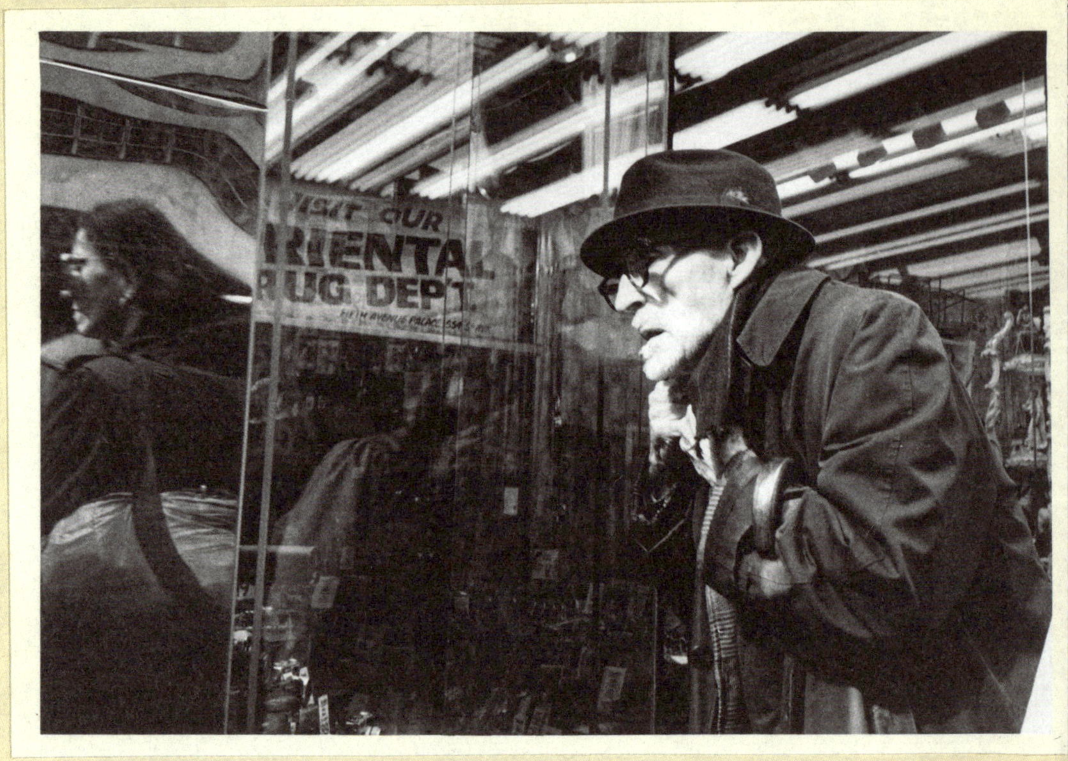

5. Ave.

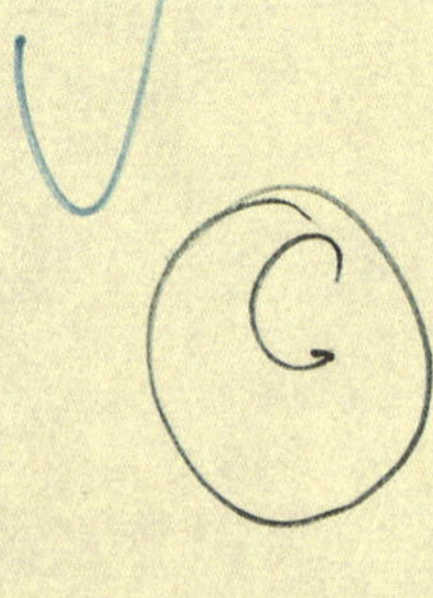

1.64

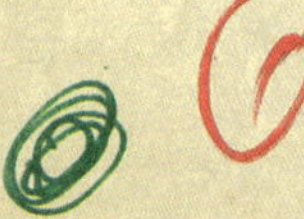

Galerie Berinson, Berlin

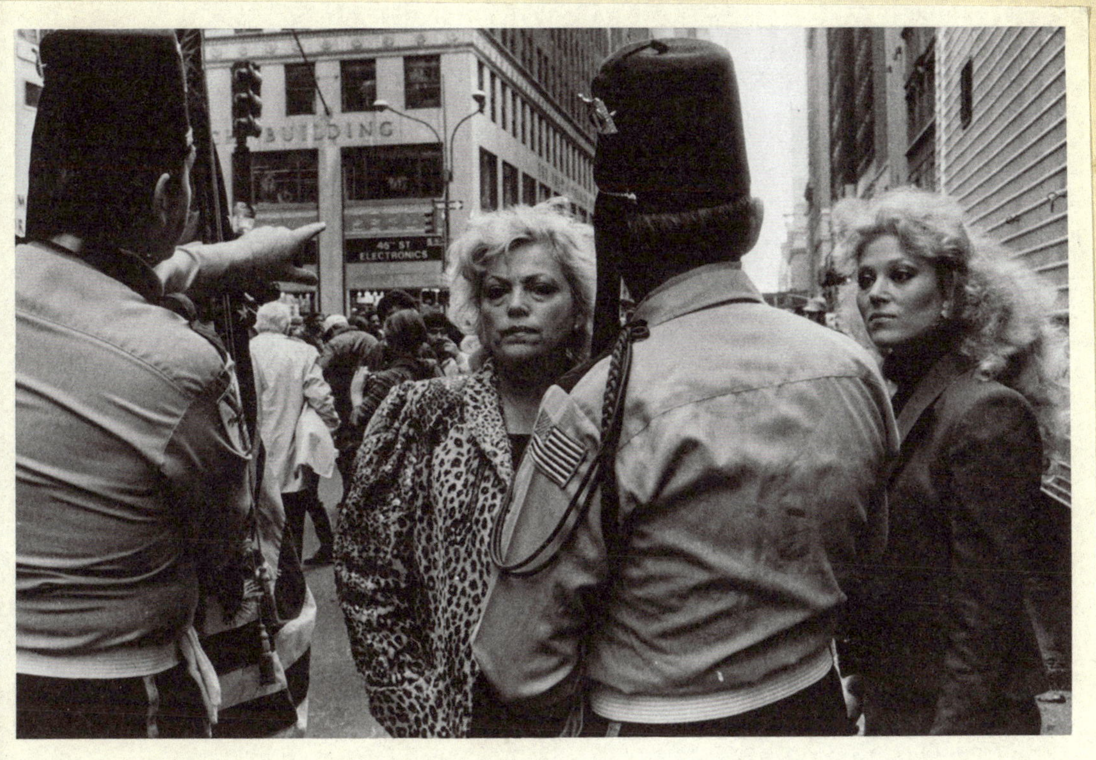

Columbus-Day,
5. Ave. / 45. Str.

New York

1 *New York, Staten Island Ferry,* Silbergelatineabzug / Silver gelatin print, 29,9 × 39,9 cm, 1978
Private collection, Berlin

2 *New York, Midtown,* Silbergelatineabzug (Vintage) / Vintage silver gelatin print, 32 × 45 cm, 1984
LOOCK Galerie, Berlin

3 *New York, Broadway,* Farbdruck / Colour print, 30,3 × 50,7 cm, 1984
LOOCK Galerie, Berlin

4 *New York, Midtown,* Silbergelatineabzug / Silver gelatin print, 37,7 × 27,1 cm, 1978
LOOCK Galerie, Berlin

5 *New York, Columbus Avenue,* Silbergelatineabzug / Silver gelatin print, 37,8 × 27 cm, 1978
LOOCK Galerie, Berlin

6 *New York, Midtown,* Silbergelatineabzug (Vintage) / Vintage silver gelatin print, 39,8 × 26,9 cm, 1978
LOOCK Galerie, Berlin

7 *New York, Union Square,* Silbergelatineabzug / Silver gelatin print, 49 × 34,9 cm, 1984
LOOCK Galerie, Berlin

8 *New York, SoHo (South of Houston Street),* Silbergelatineabzug / Silver gelatin print, 35,9 × 48 cm, 1984
LOOCK Galerie, Berlin

9 *New York, Washington Place, Greenwich Village-Halloween,* Silbergelatineabzug / Silver gelatin print, 40,5 × 50,6 cm, 1978
LOOCK Galerie, Berlin

10 *New York, Halloween,* Silbergelatineabzug (Vintage) / Vintage silver gelatin print, 26,5 × 37,5 cm, 1984
Private collection, Berlin

11 *New York, Christopher Street, Greenwich Village-Halloween,* Silbergelatineabzug (Vintage) / Vintage silver gelatin print, 48,5 × 35 cm, 1984
LOOCK Galerie, Berlin

12 *New York,* Silbergelatineabzug (Vintage) / Vintage silver gelatin print, 40 × 29,9 cm, 1978
LOOCK Galerie, Berlin

13 Originalseiten / Original pages 14 + 15 des Buches / of the book *New York Ansichten* (Verlag Volk und Welt, 1988), Silbergelatineabzüge (Vintage) / Vintage silver gelatin prints,
(l) 18,1 × 26,5 cm,
(r) 19,4 × 28,2 cm, Blatt / Paper 42,1 × 29,9 cm, 1978
Galerie Berinson, Berlin

All images © Arno Fischer Estate
Alle Bilder © Erbengemeinschaft Arno Fischer

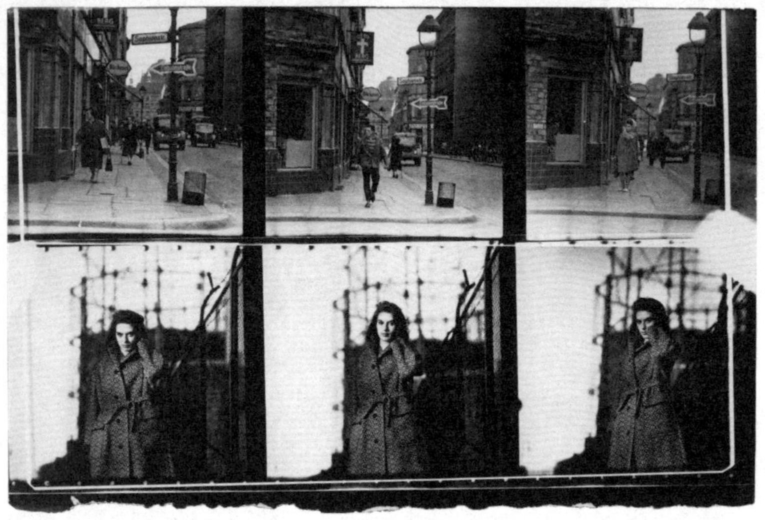

14

Private Collection, Berlin

15

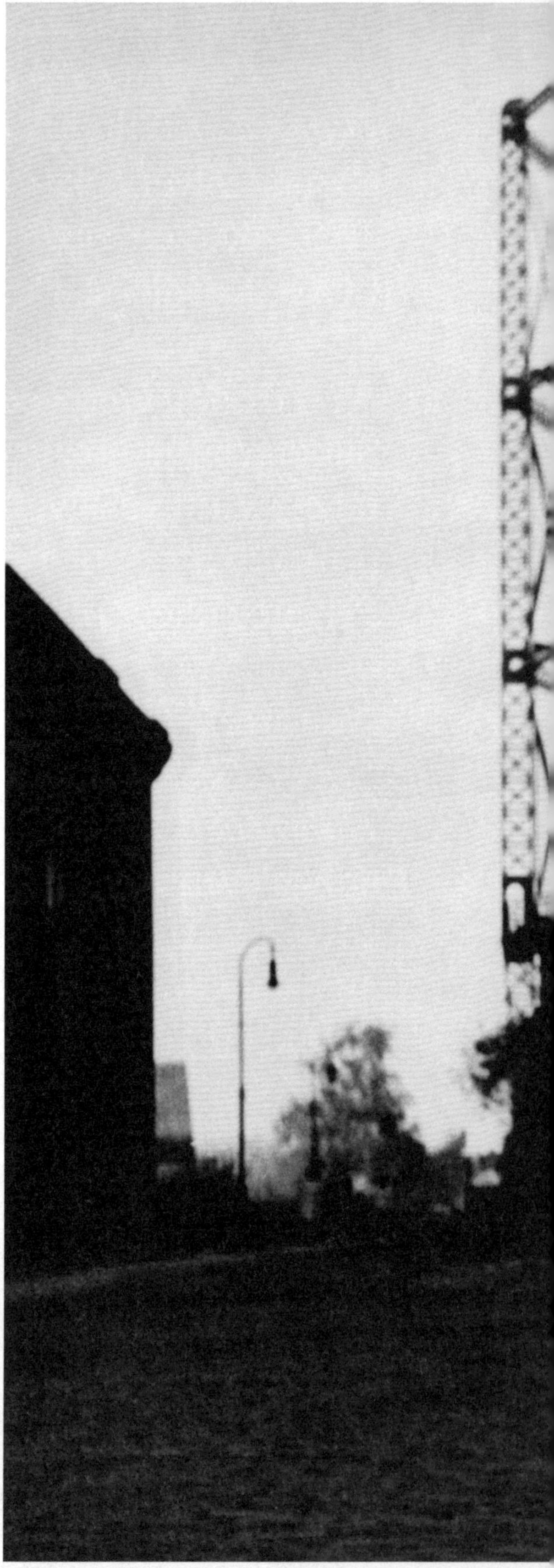

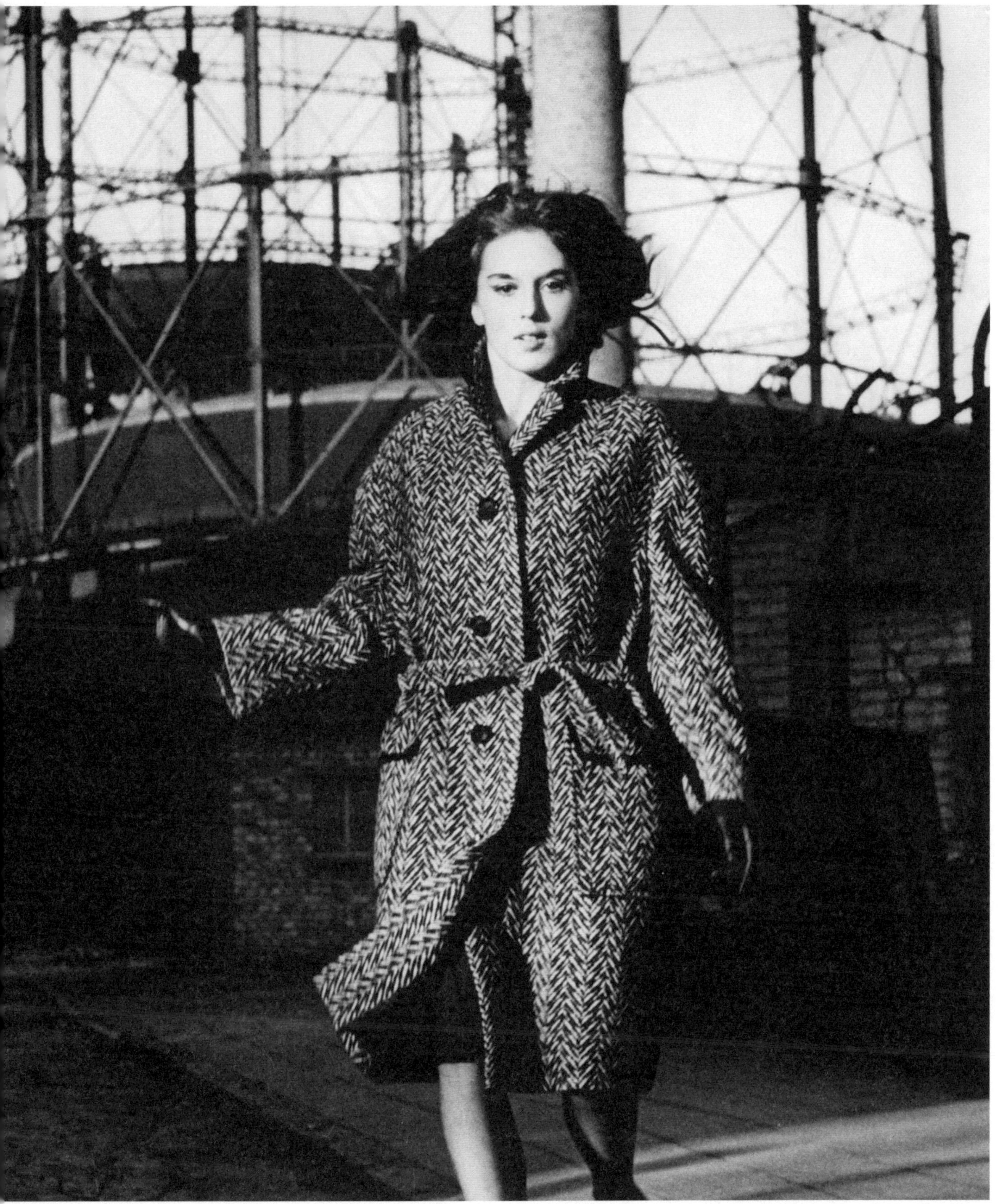

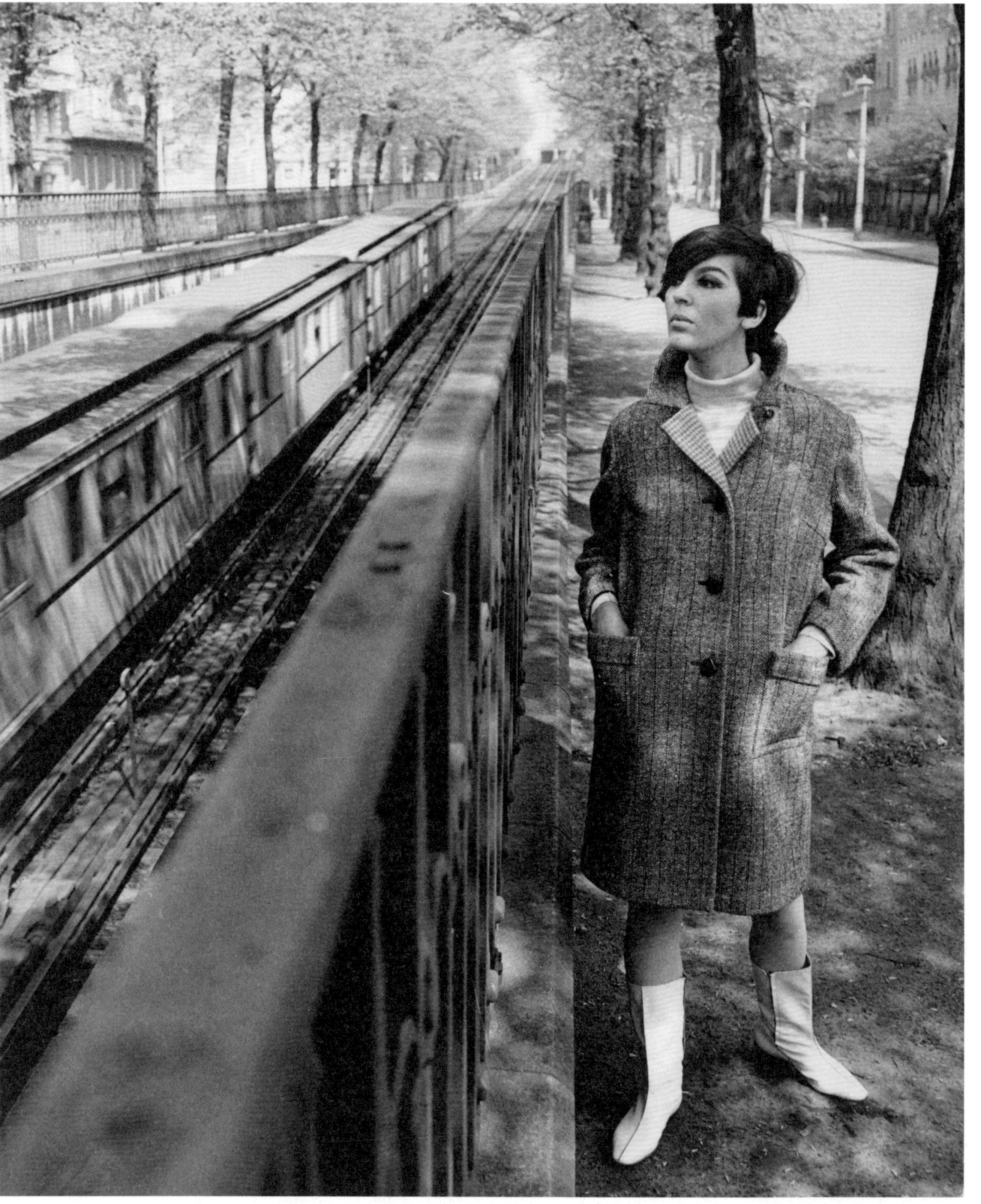

17

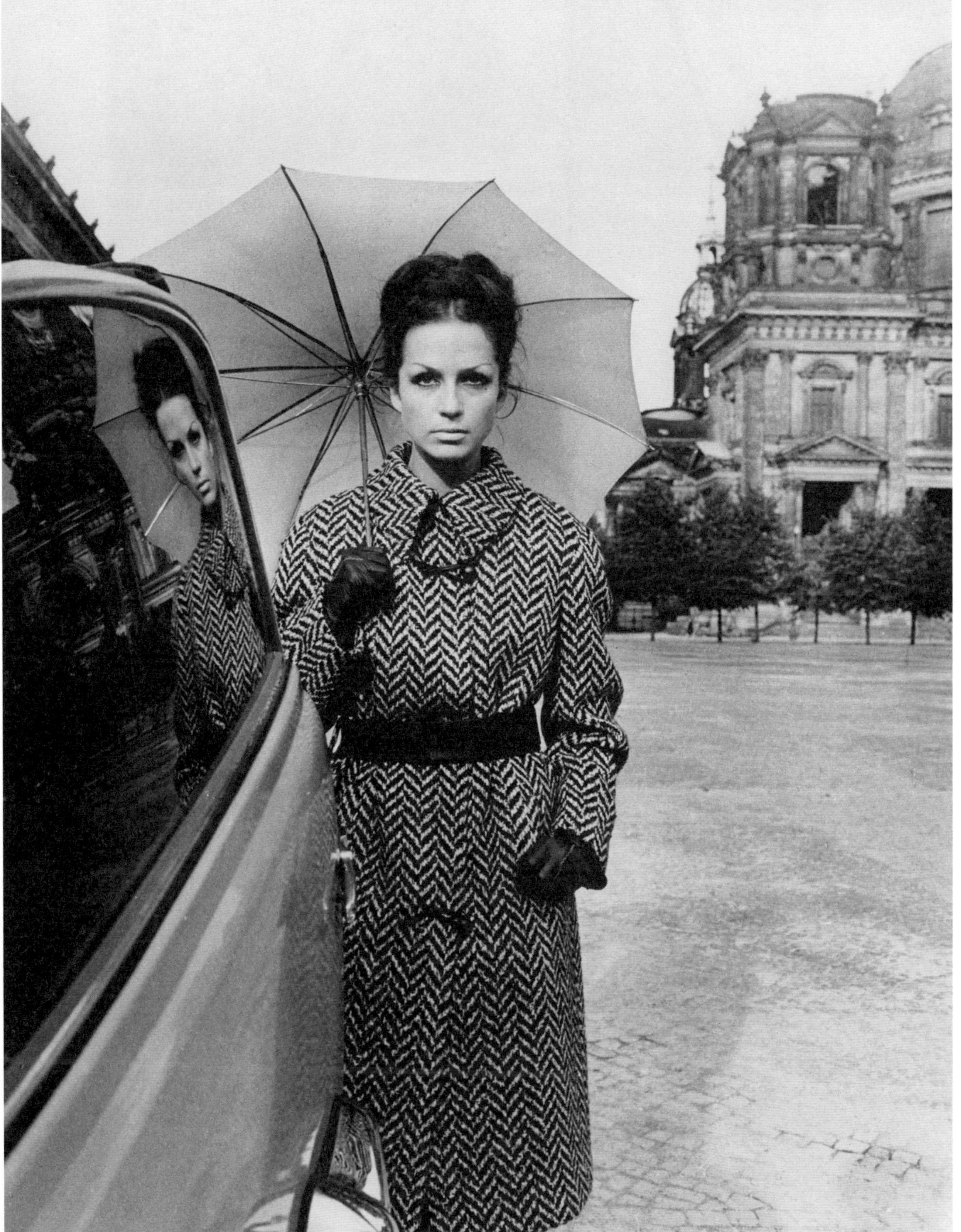

Schloss Kummerow

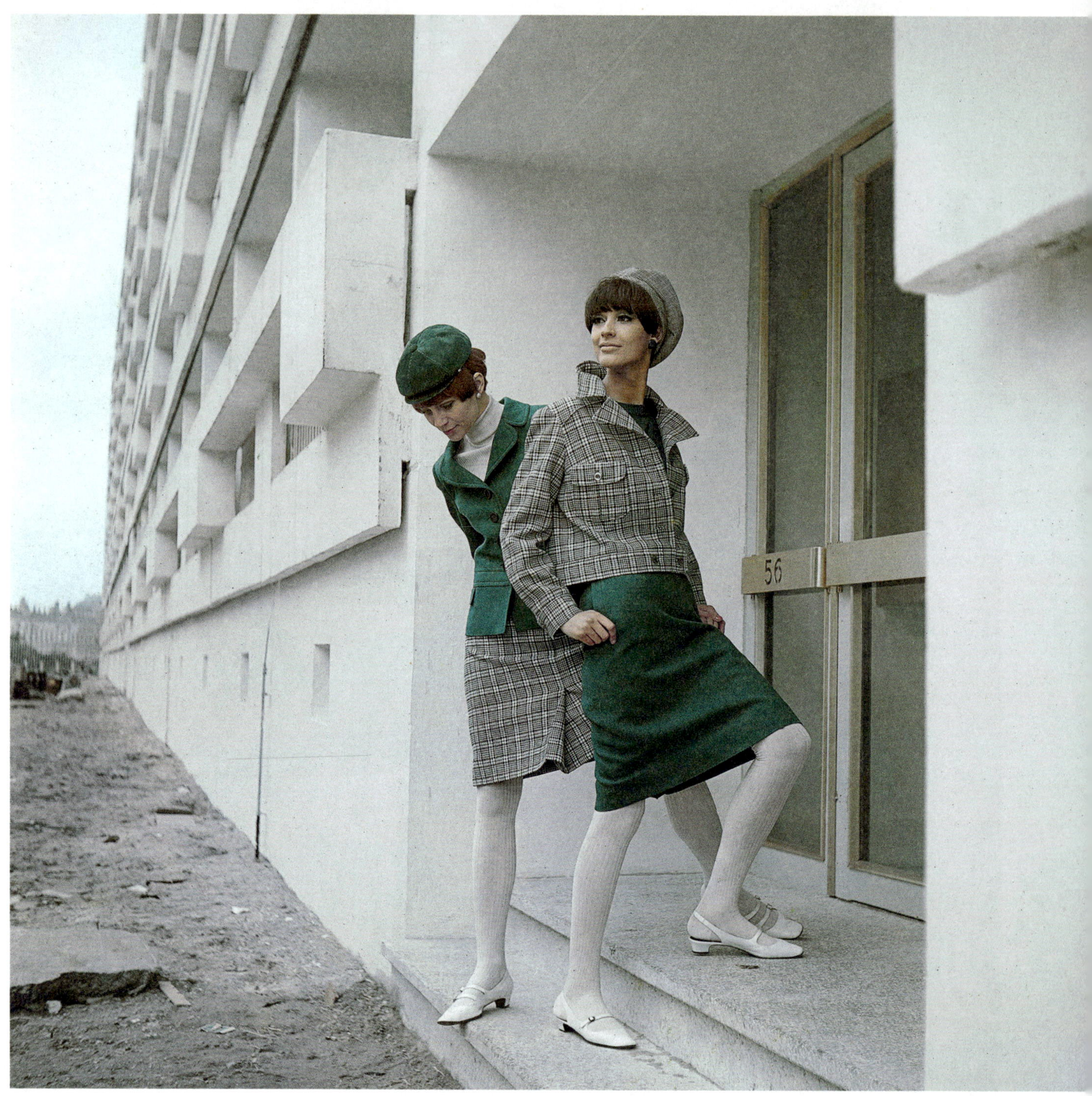
56

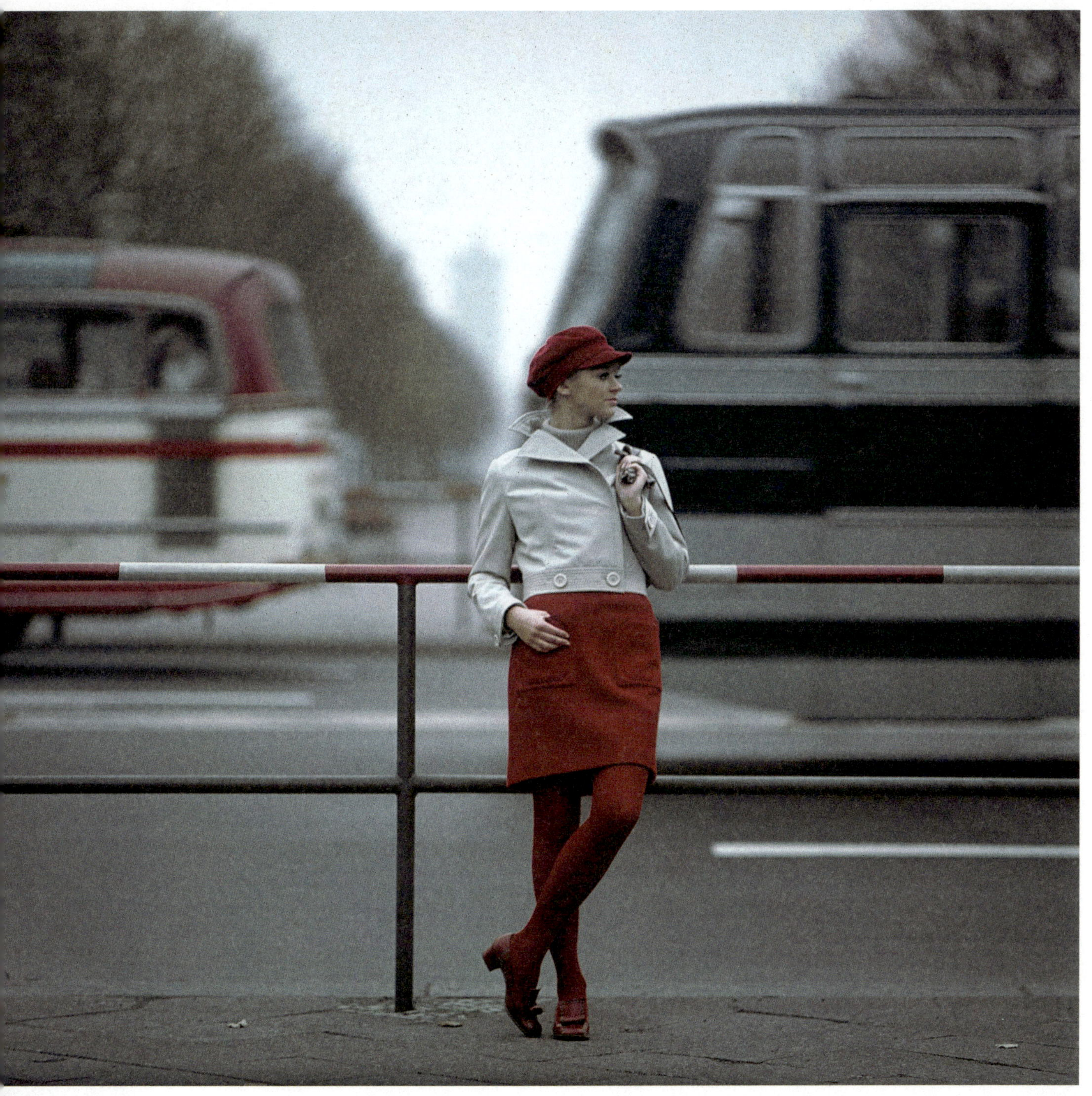

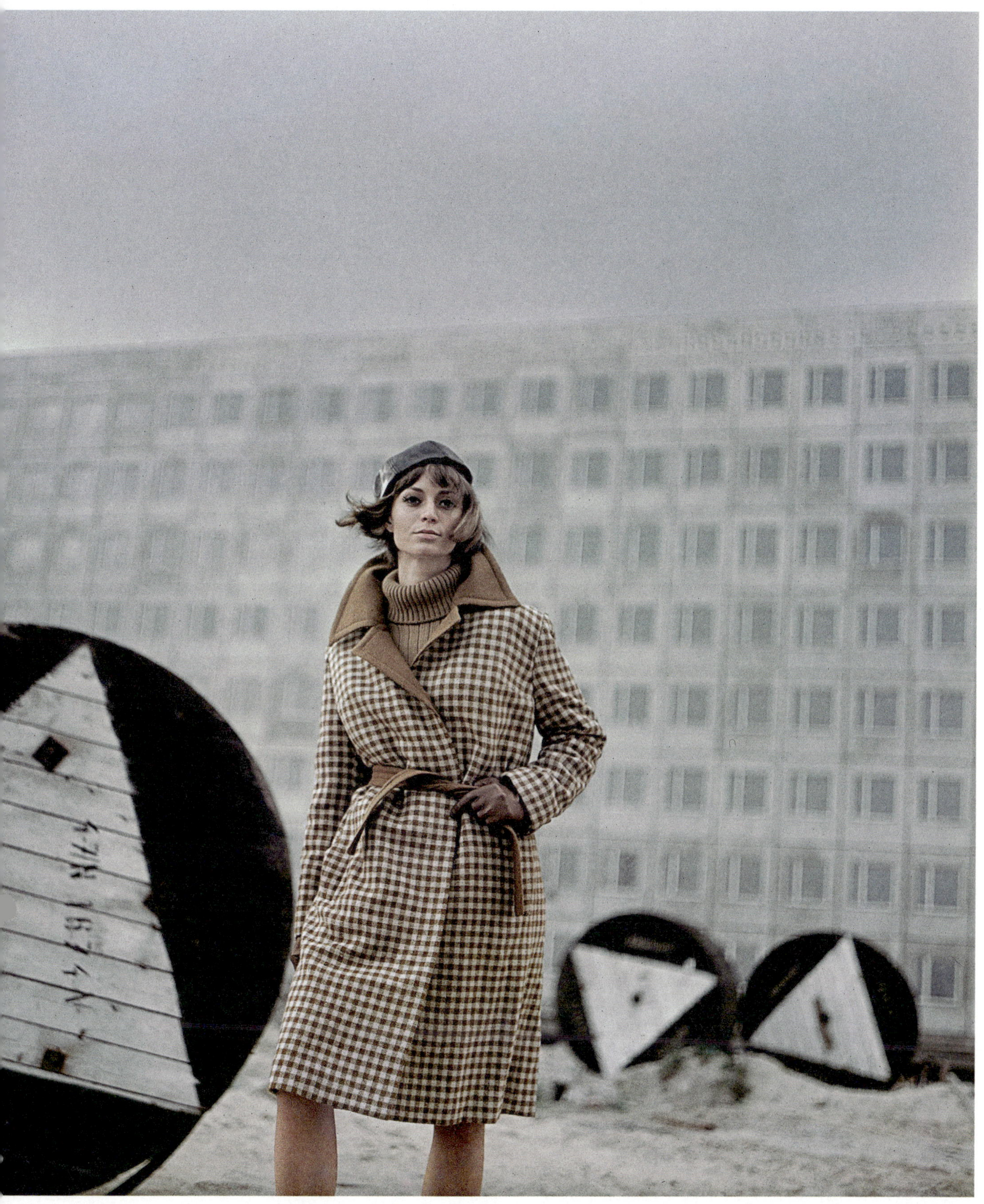

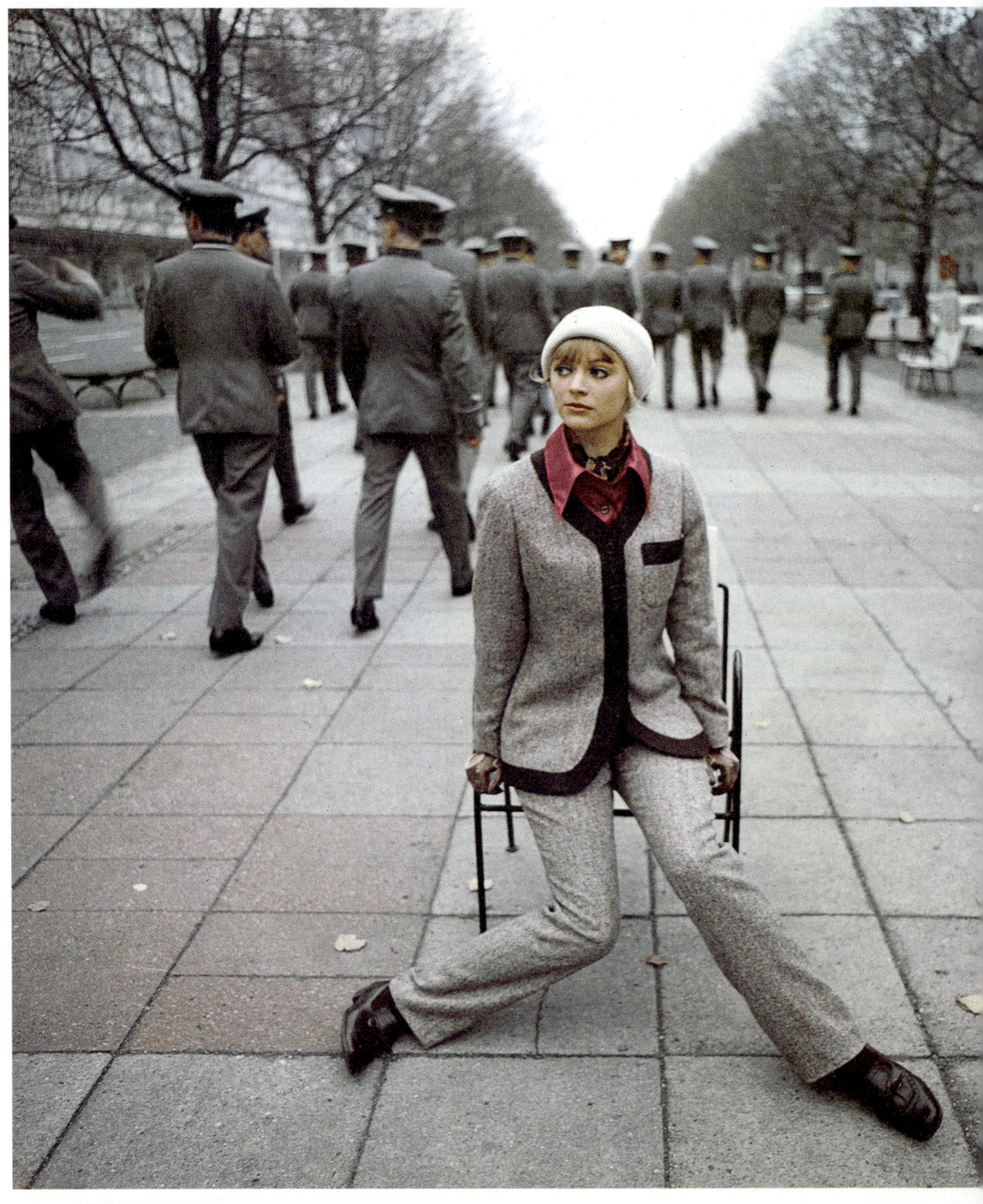

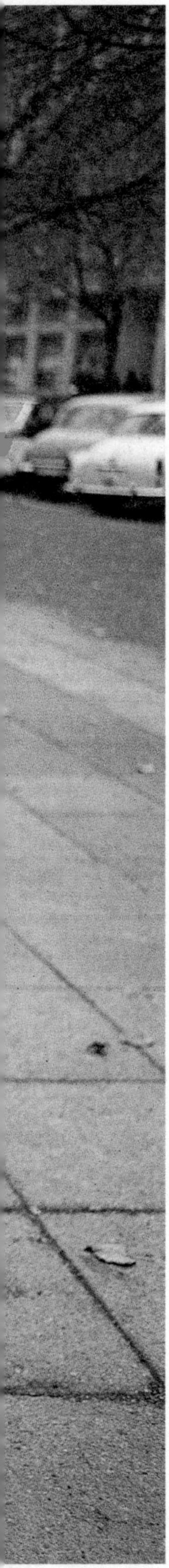

21

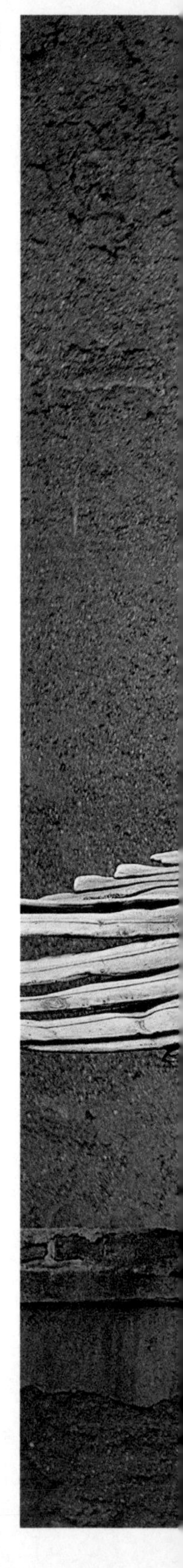

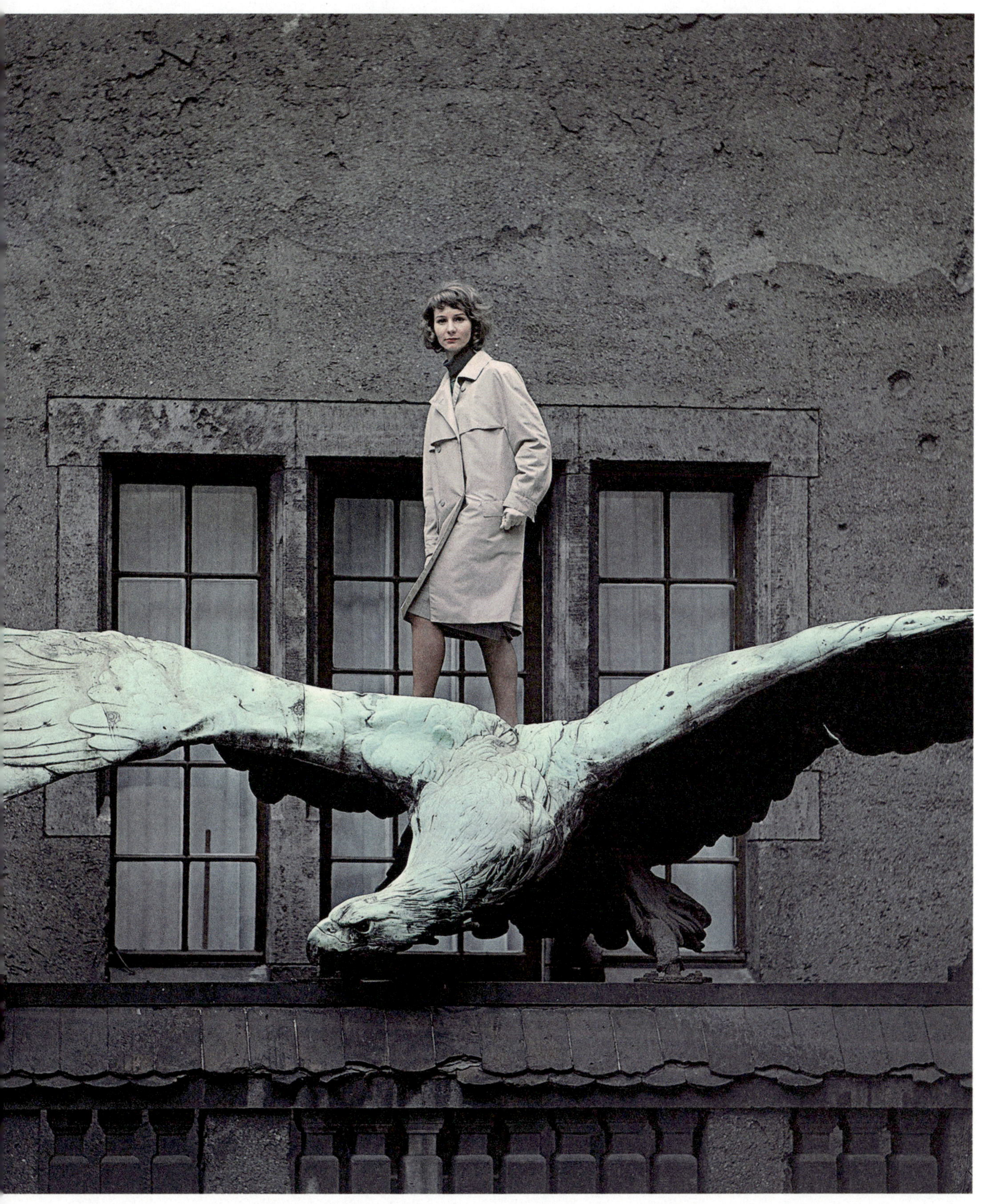

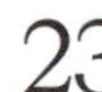

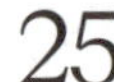

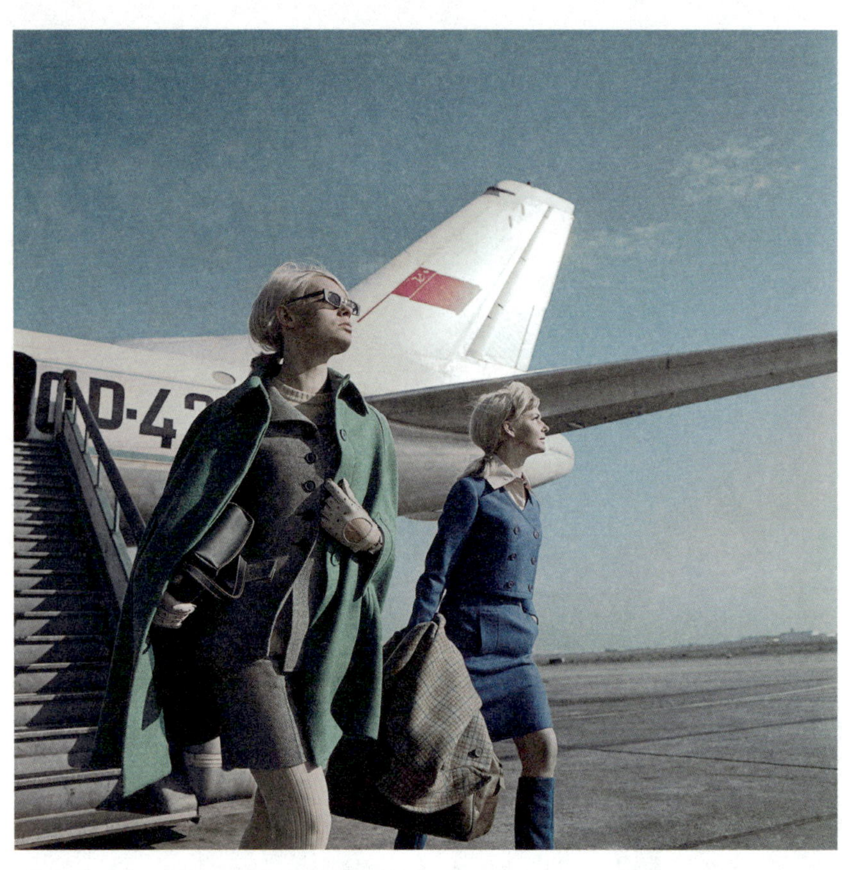

24

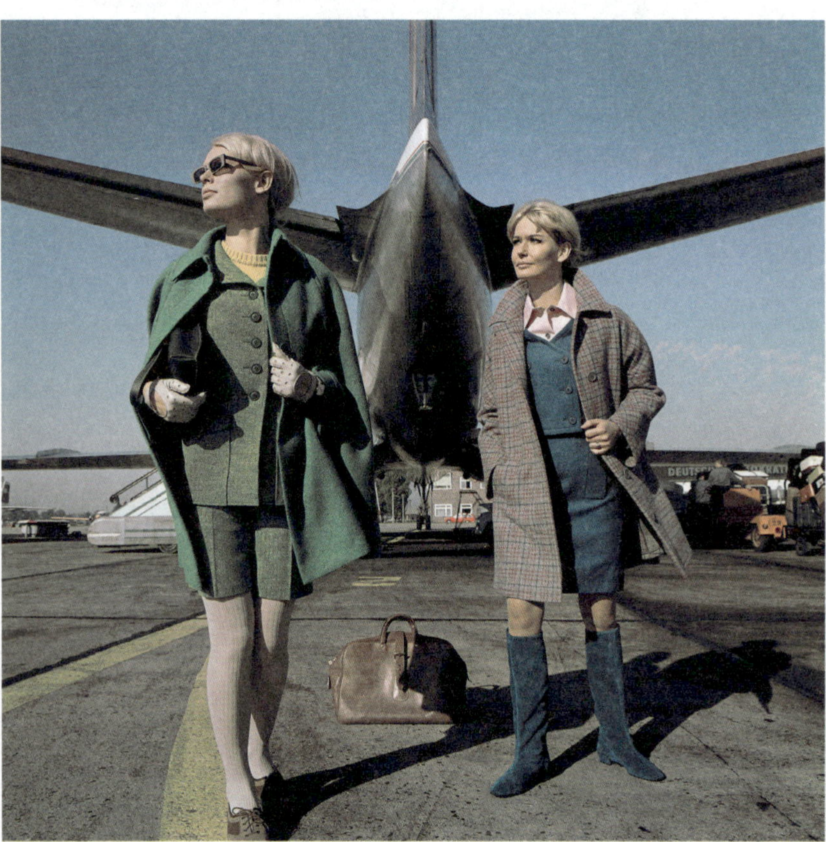

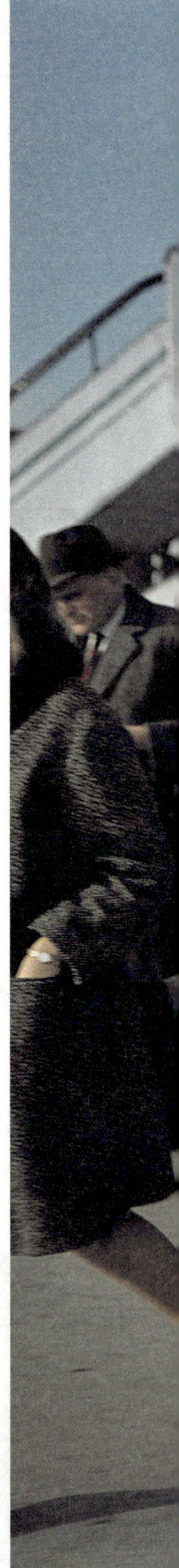

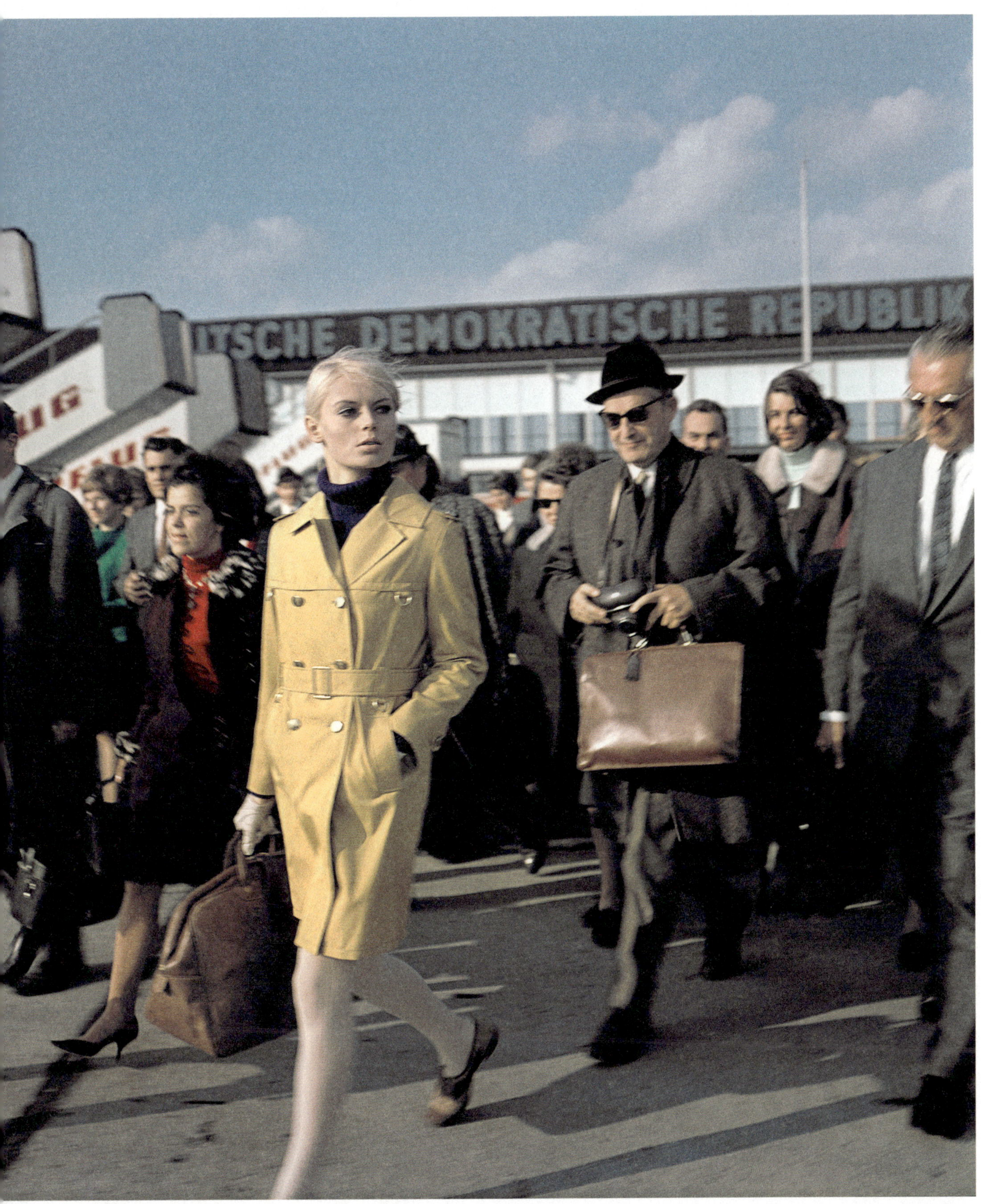
DEMOKRATISCHE REPUBLIK

Fashion / Mode

14 Kontaktabzug / Contact Sheet, Silbergelatineabzug (Vintage) / Vintage silver gelatin print, 12,3 × 18,5 cm, 1962
LOOCK Galerie, Berlin

15 *Ohne Titel*, aus der Serie *Herbstmode in Berlin* (*Sibylle* 4 / 1962), Silbergelatineabzug / Silver gelatin print, 45 × 55,4 cm, 1962
Private collection, Berlin

16 *Ohne Titel*, aus der Serie *Berlin Schönhauser Allee* (*Sibylle* 4 / 1967), Silbergelatineabzug (Vintage) / Vintage silver gelatin print, 30 × 24 cm, 1967
LOOCK Galerie, Berlin

17 *Ohne Titel*, aus der Serie *Regentage* (*Sibylle* 5 / 1964), Silbergelatineabzug / Silver gelatin print, 40 × 30,2 cm, 1964
Schloss Kummerow

18 *Ohne Titel*, aus der Serie *Arkalaine* (*Sibylle* 3 / 1966), archivalischer Pigmentdruck / Archival pigment print, 50 × 50 cm, 1966
LOOCK Galerie, Berlin

19 *Ohne Titel*, aus der Serie *Mode in Berlin (Sibylle* 1 / 1969), archivalischer Pigmentdruck / Archival pigment print, 50 × 50 cm, 1969
LOOCK Galerie, Berlin

20 *Ohne Titel*, aus der Serie *Winter in der Großstadt* (*Sibylle* 5 / 1965), archivalischer Pigmentdruck / Archival pigment print, 50 × 50 cm, 1965
LOOCK Galerie, Berlin

21 *Ohne Titel*, aus der Serie *Mode in Berlin (Sibylle* 1/ 1969), archivalischer Pigmentdruck / archival pigment print, 50 × 50 cm, 1969
LOOCK Galerie, Berlin

22 *Ohne Titel*, aus der Serie *Junge Leute* (*Sibylle* 4 / 1963), archivalischer Pigmentdruck / archival pigment print, 50 × 50 cm, 1963
LOOCK Galerie, Berlin

23–25 *Ohne Titel*, aus der Serie *Abflug / Ankunft Berlin-Schönefeld (Sibylle* 1 / 1968), archivalischer Pigmentdruck / Archival pigment prints, je / each 50 × 50 cm, 1967
LOOCK Galerie, Berlin

All images © Arno Fischer Estate
Alle Bilder © Erbengemeinschaft Arno Fischer

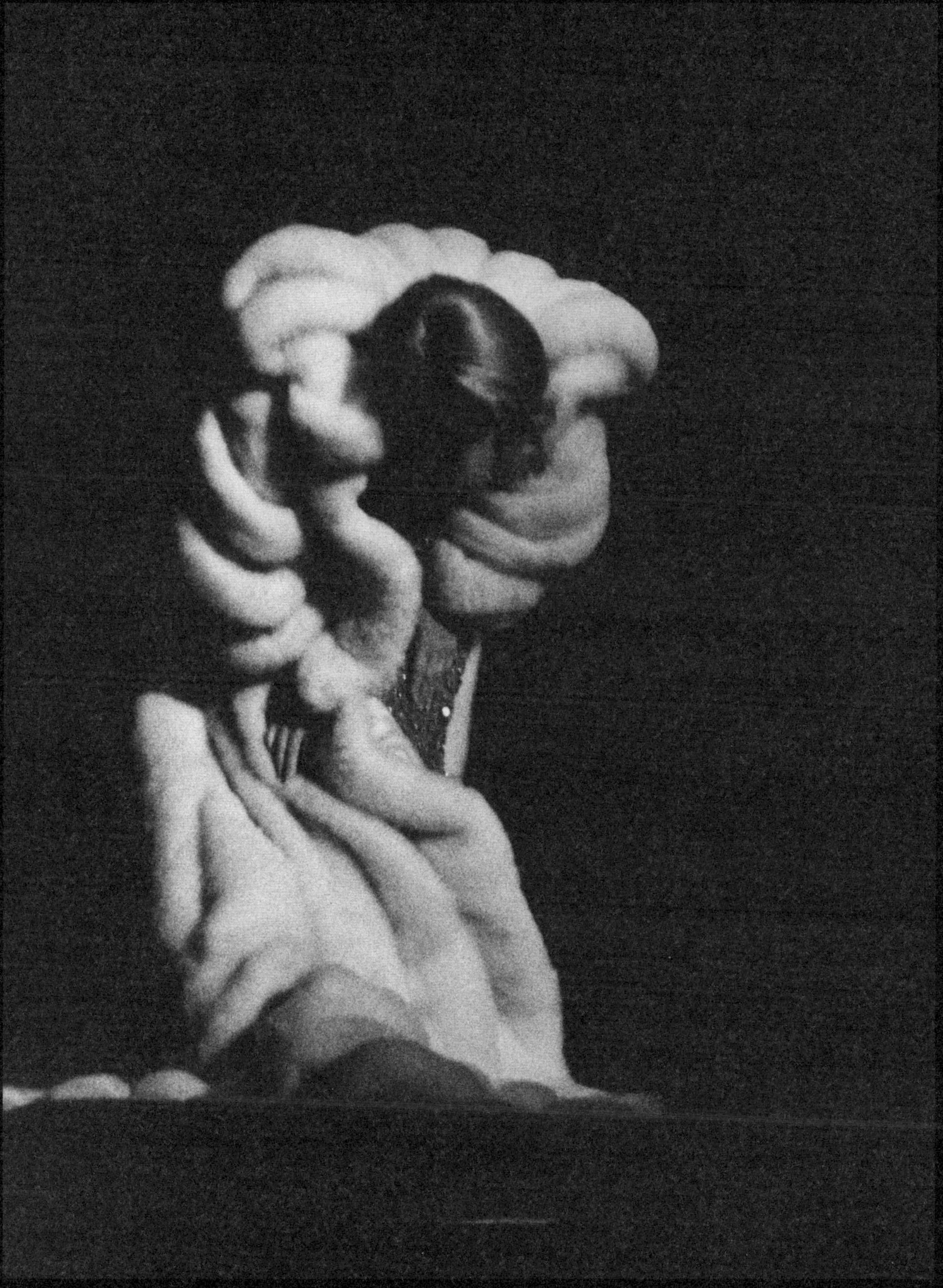

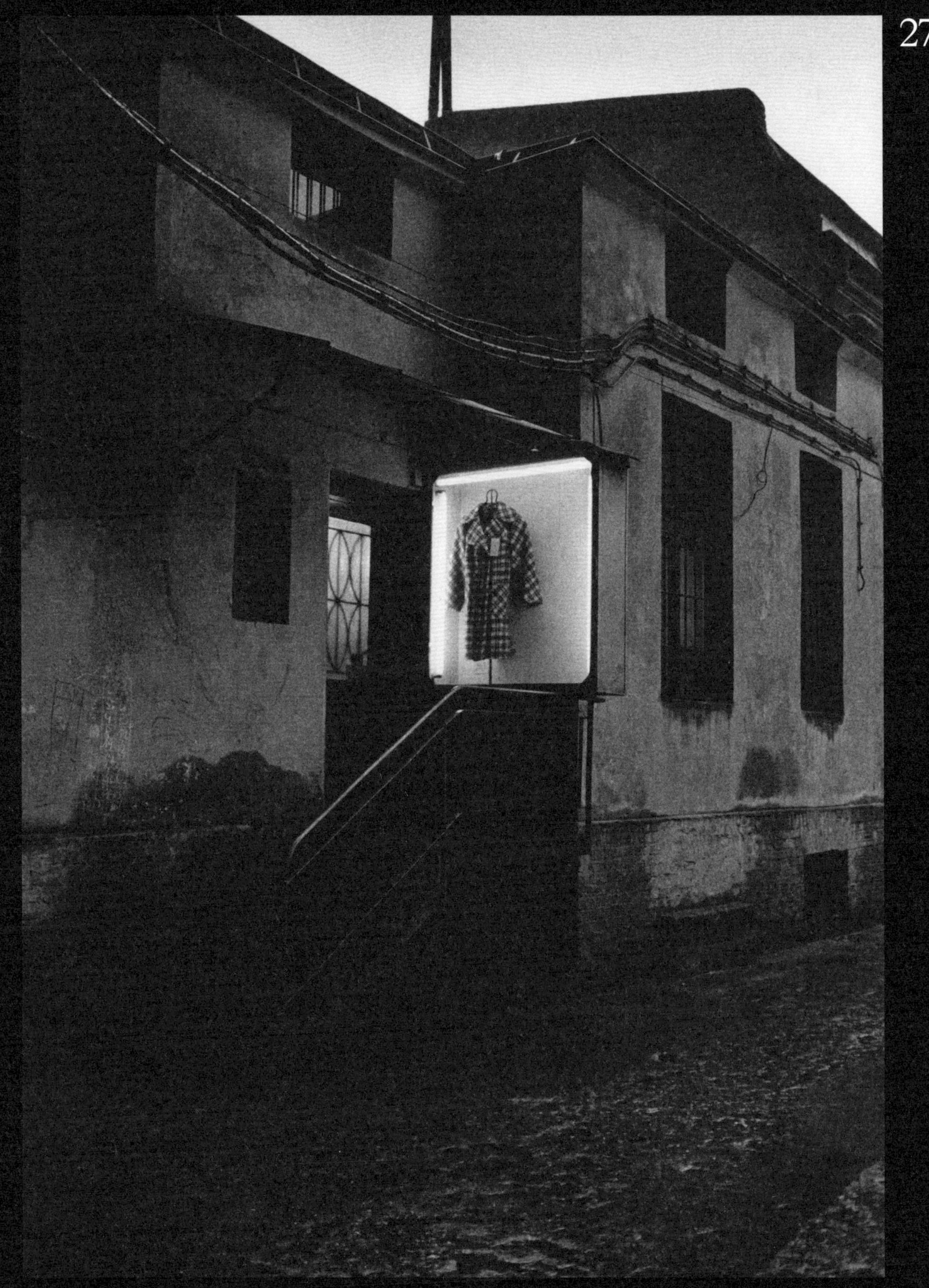

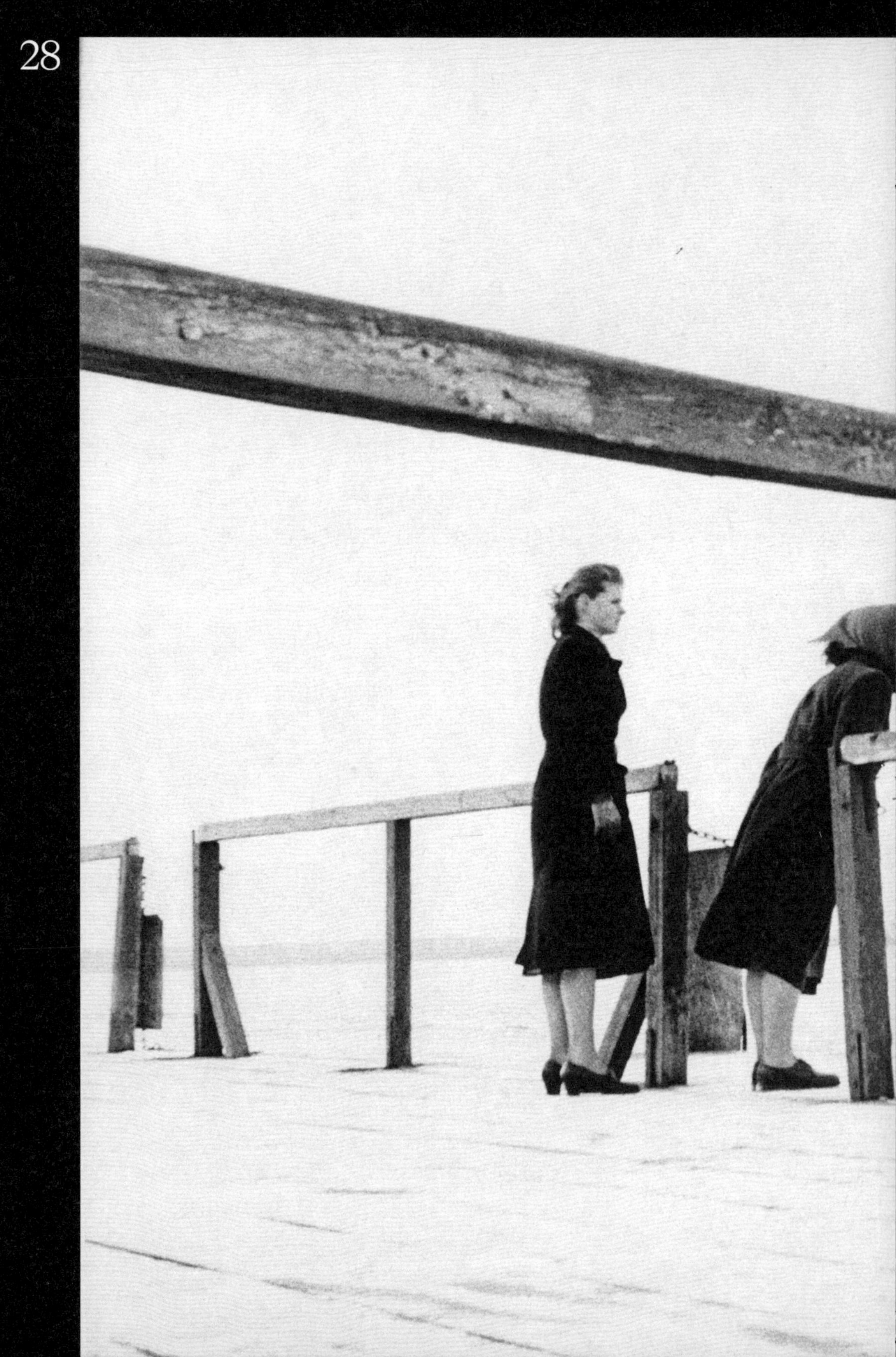

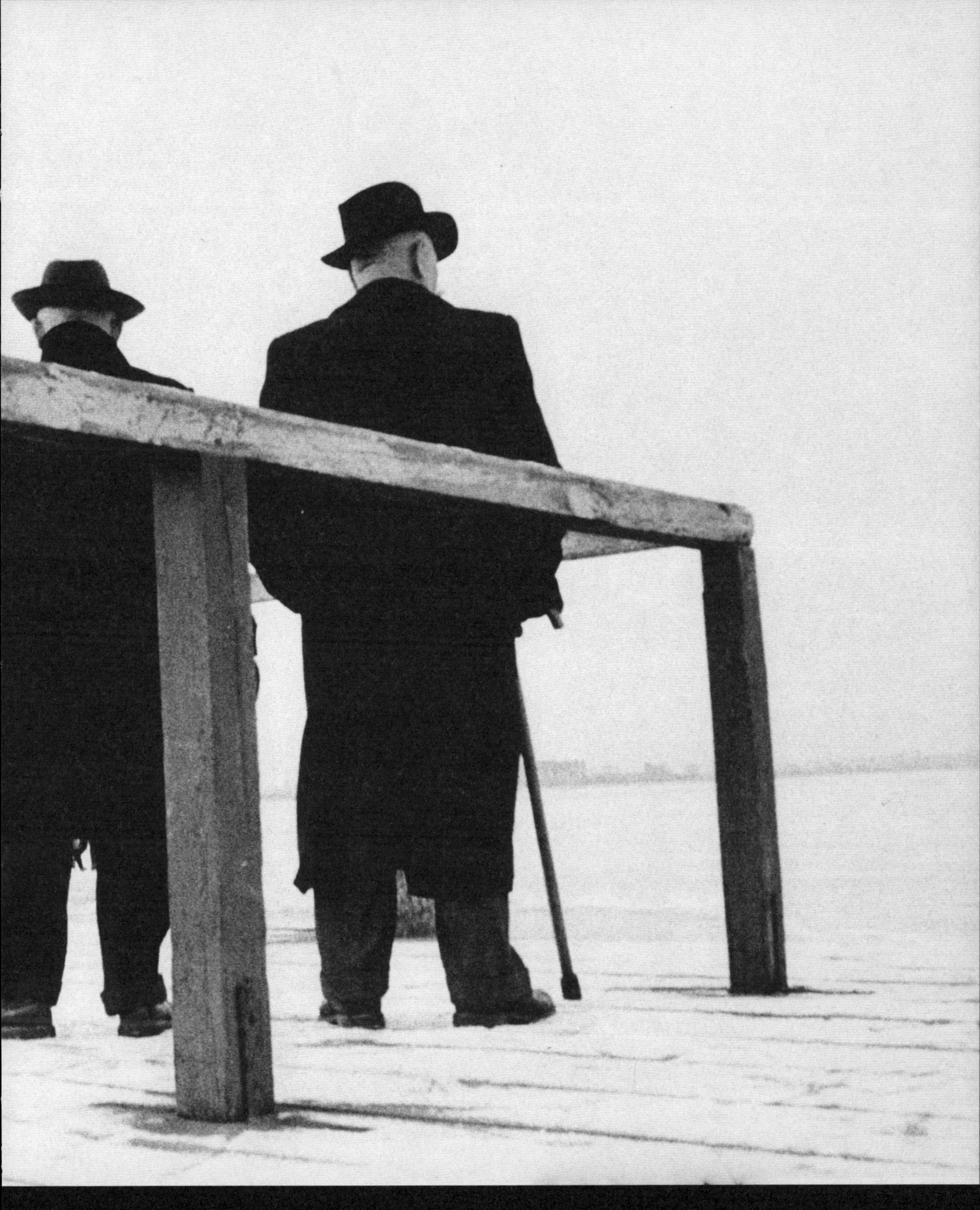

29

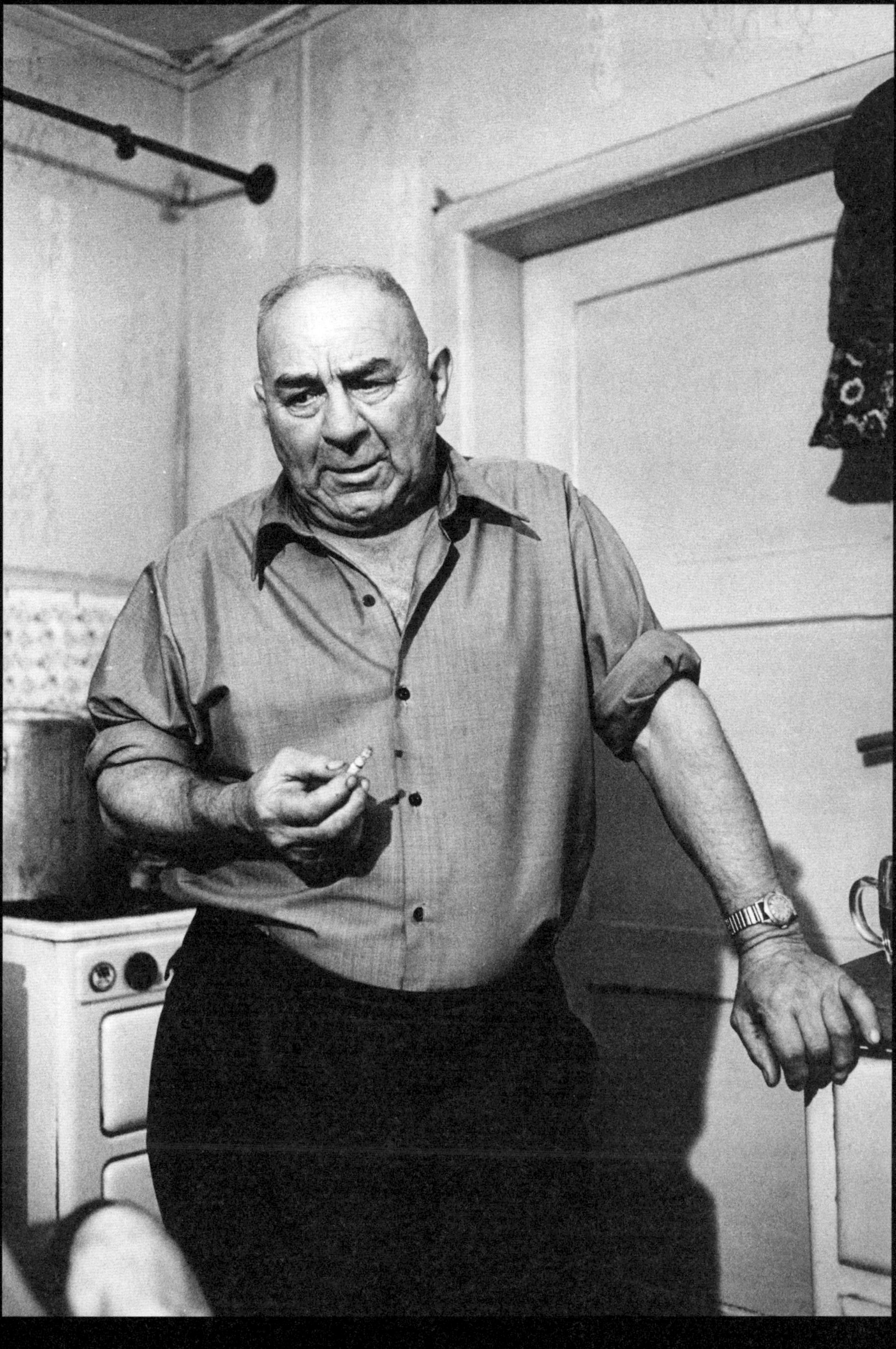

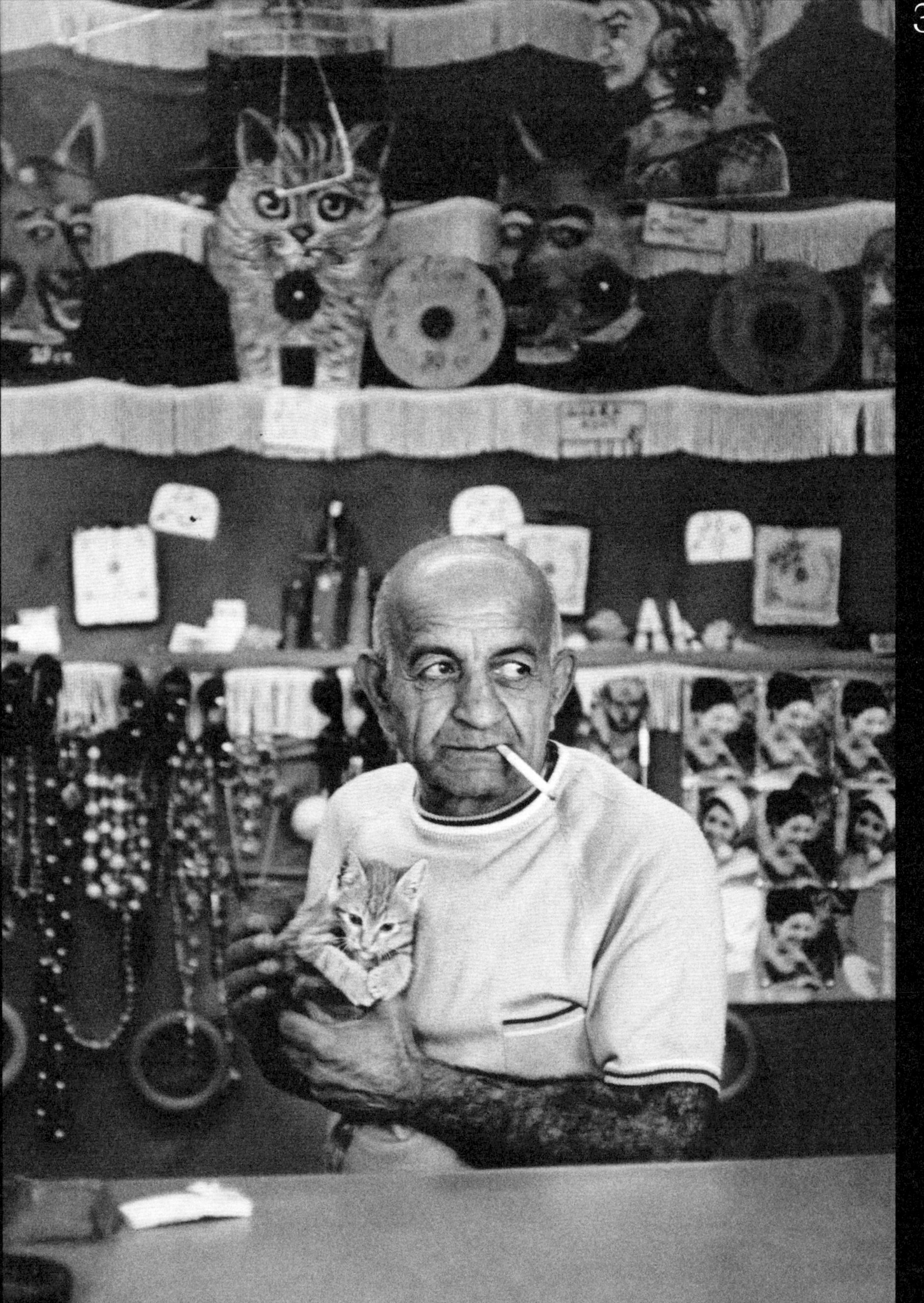

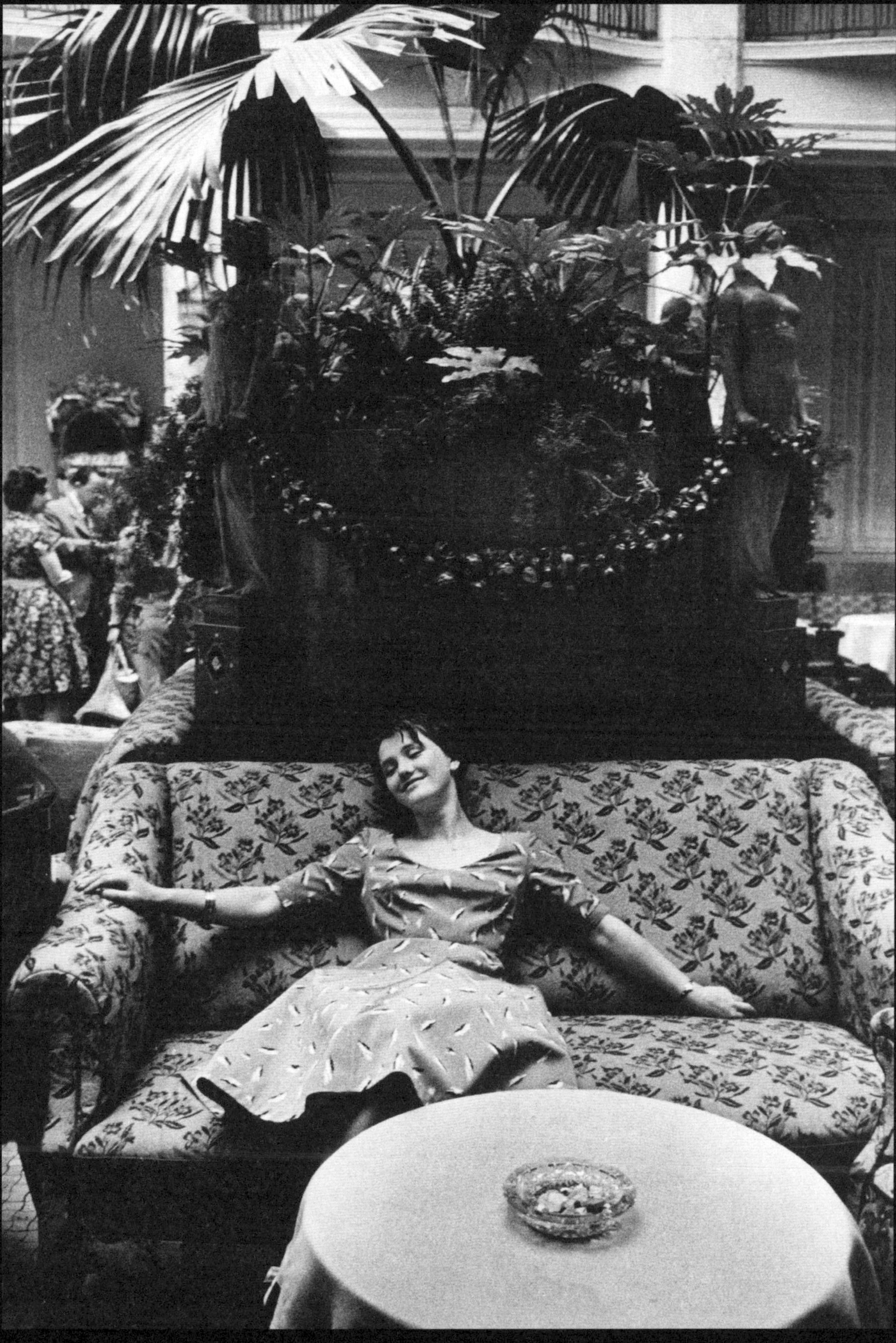

33

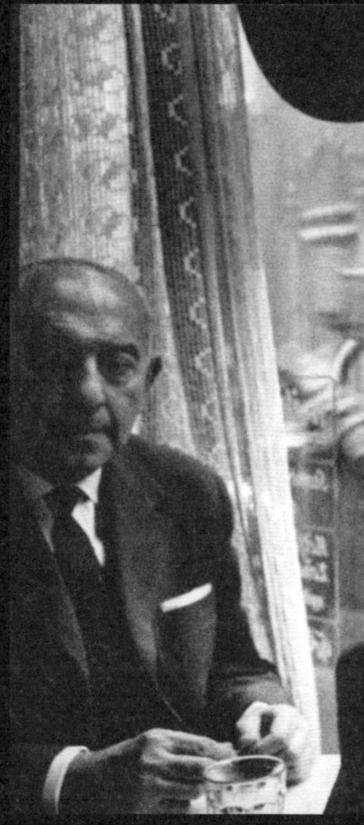

Galerie Berinson, Berlin

34

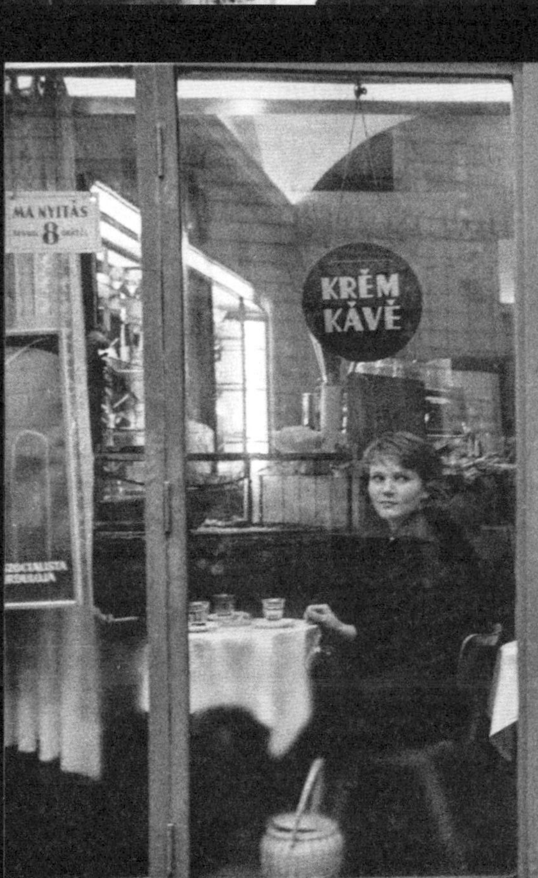

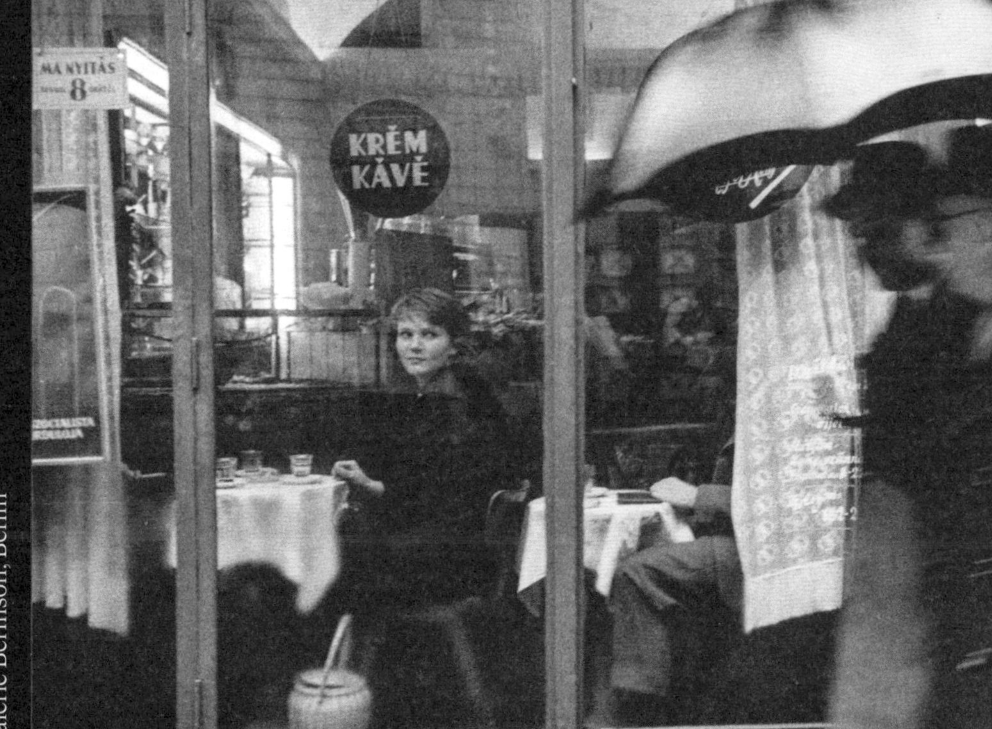

Galerie Berinson, Berlin

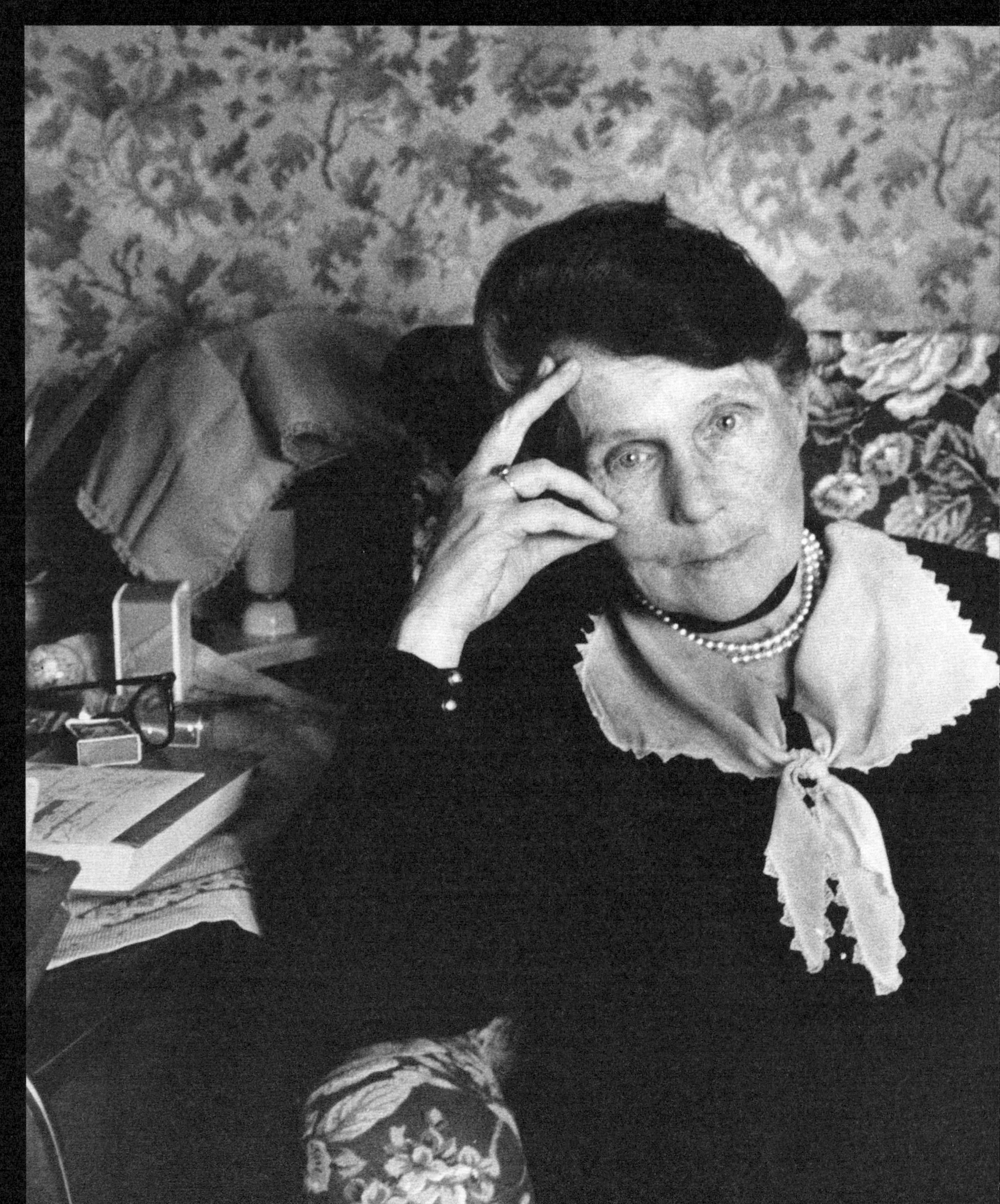

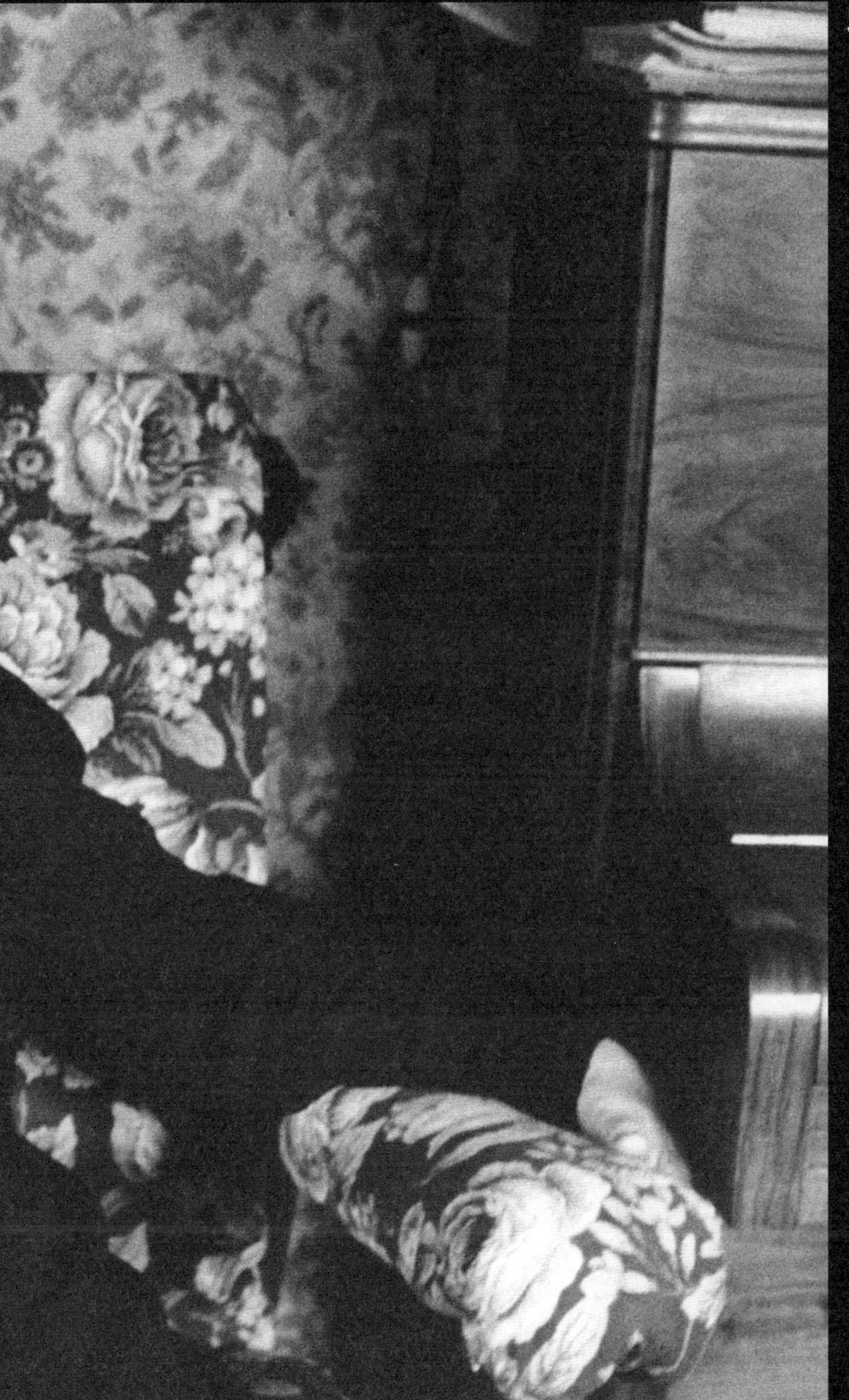

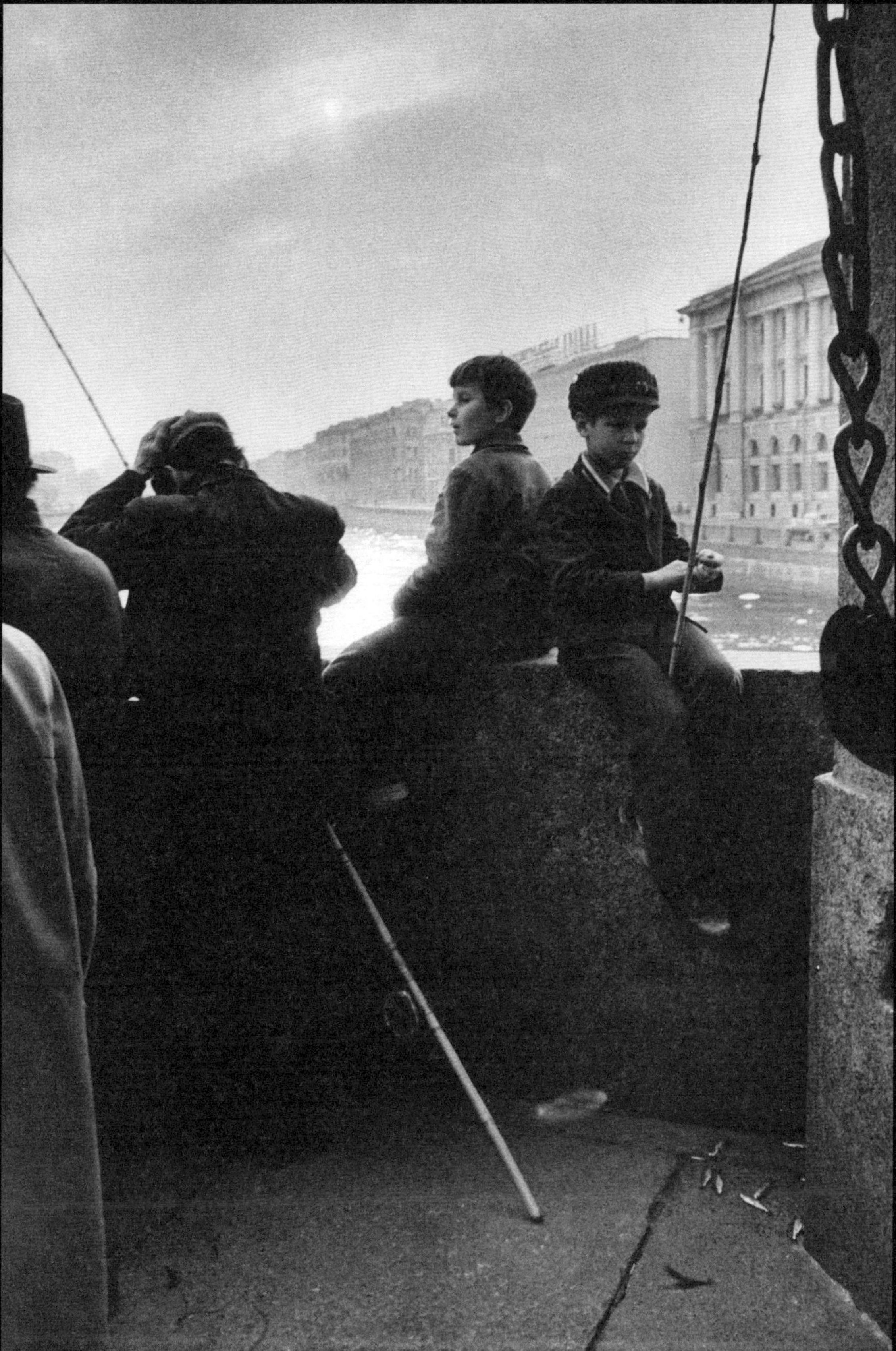

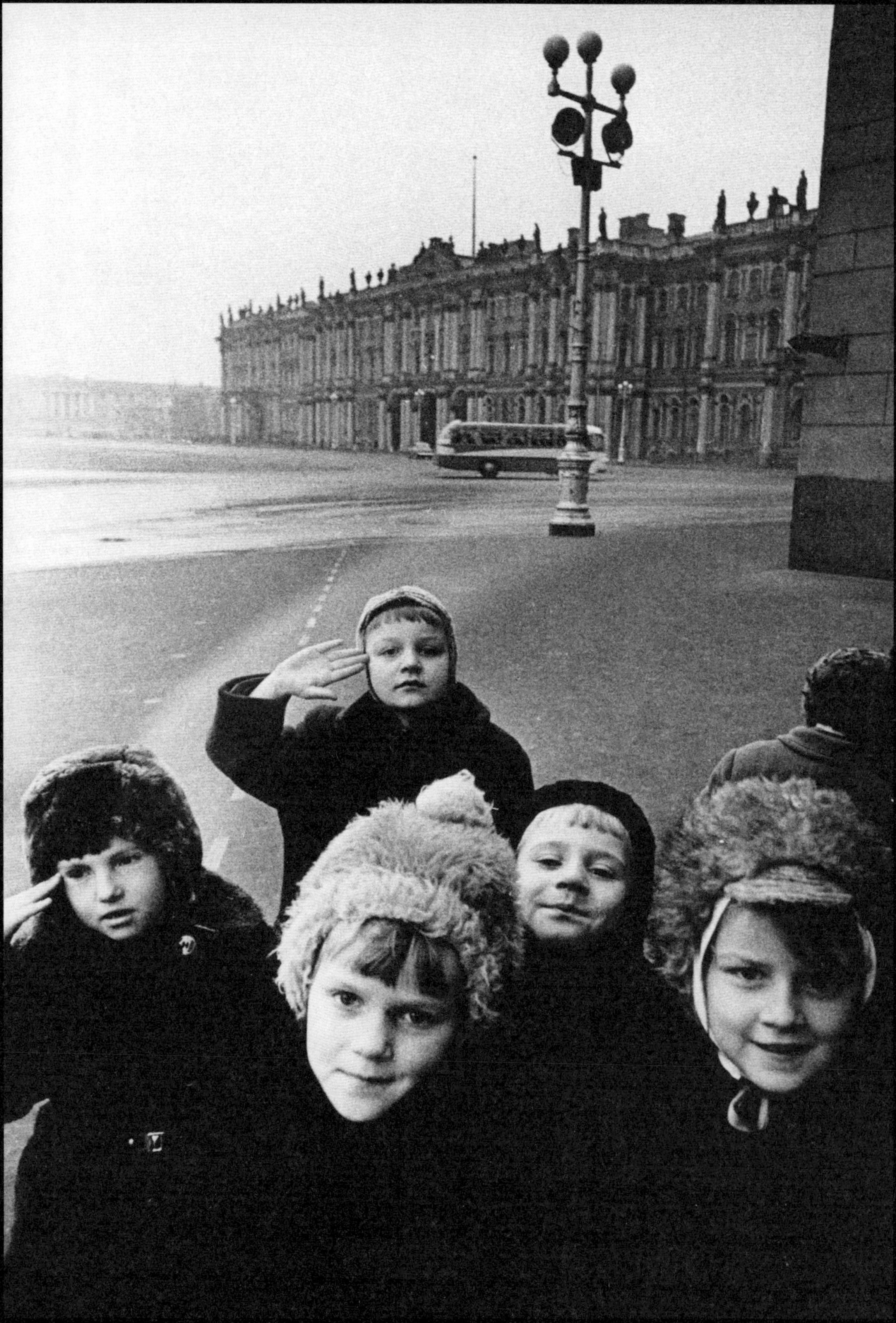

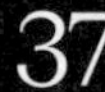
37

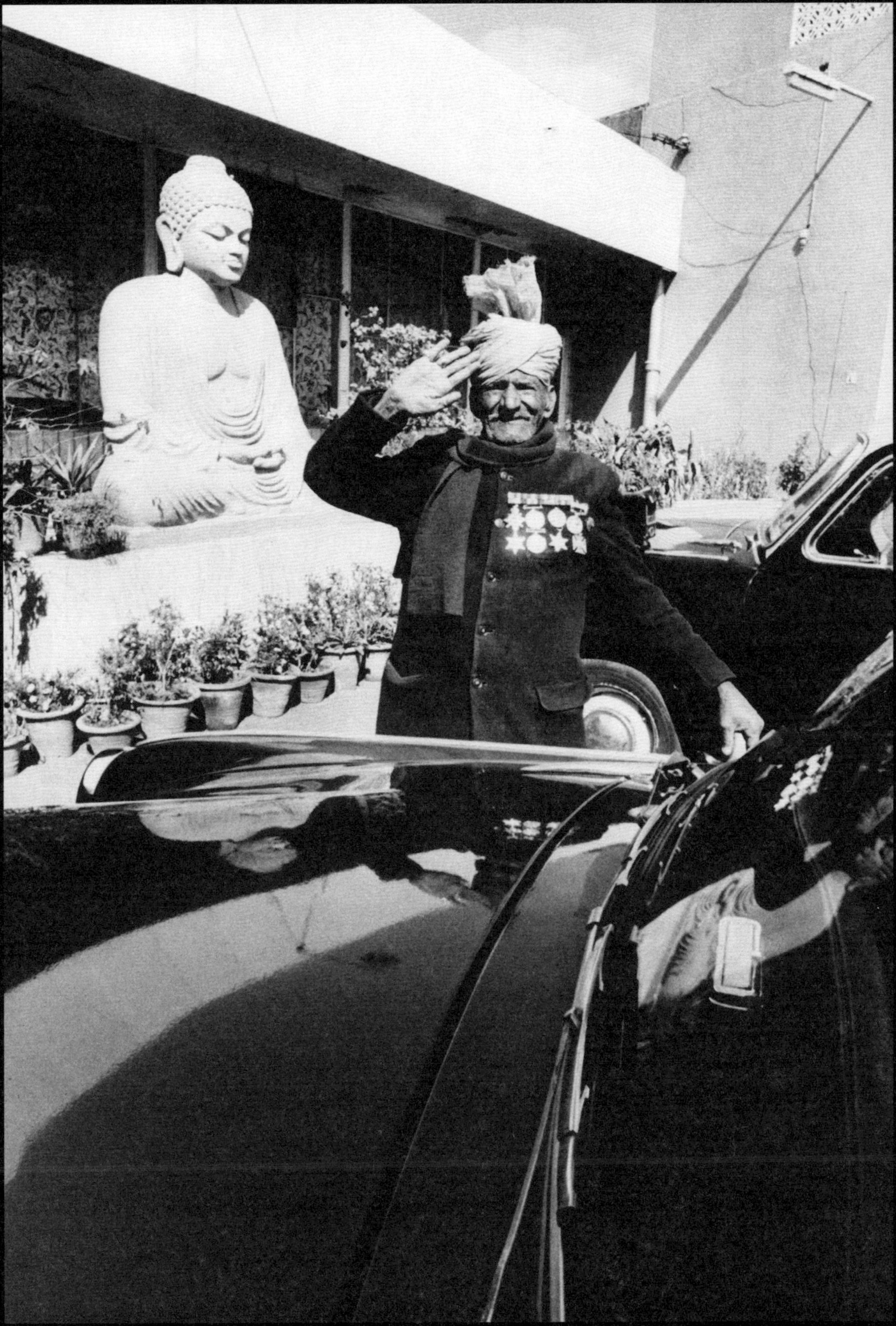

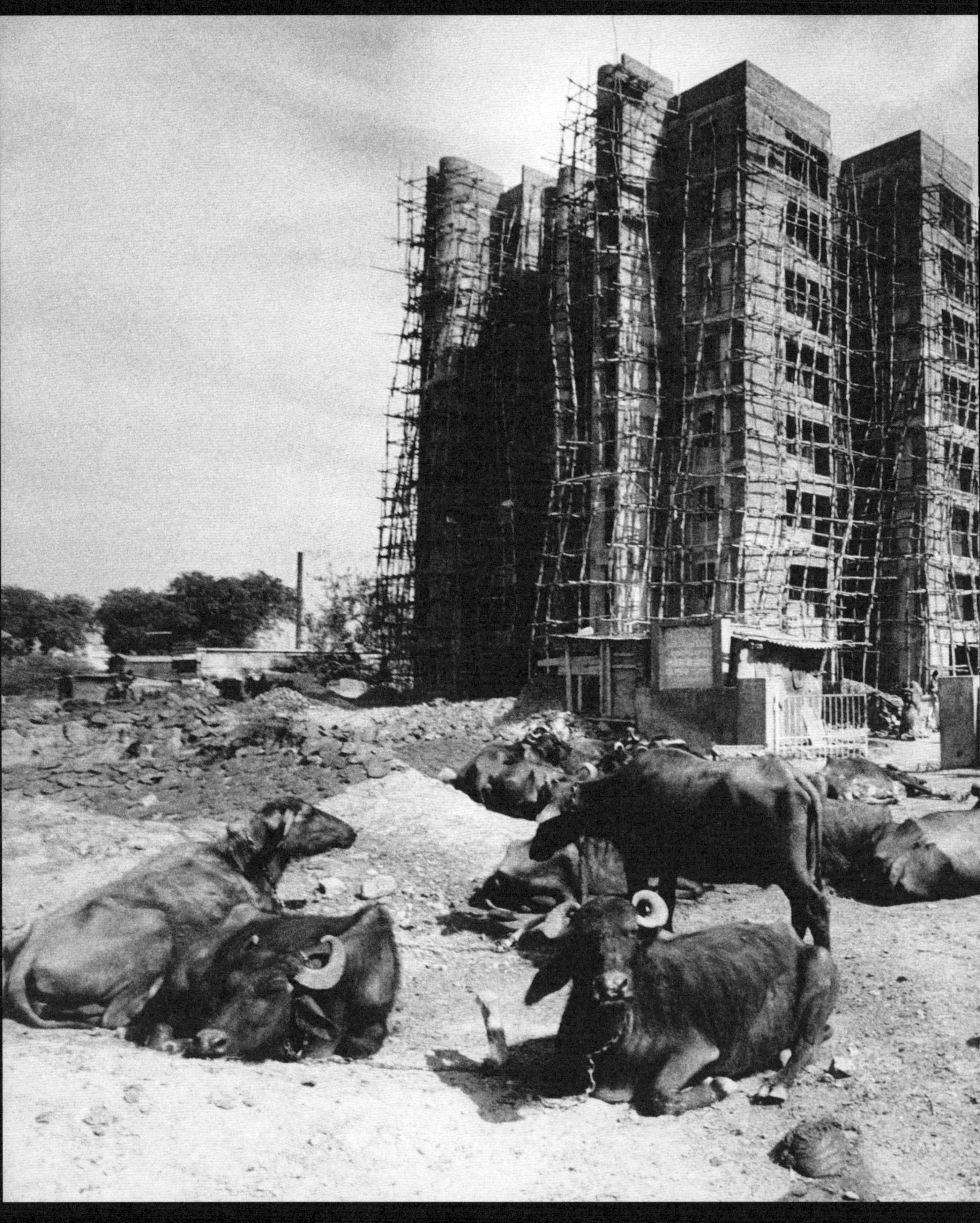

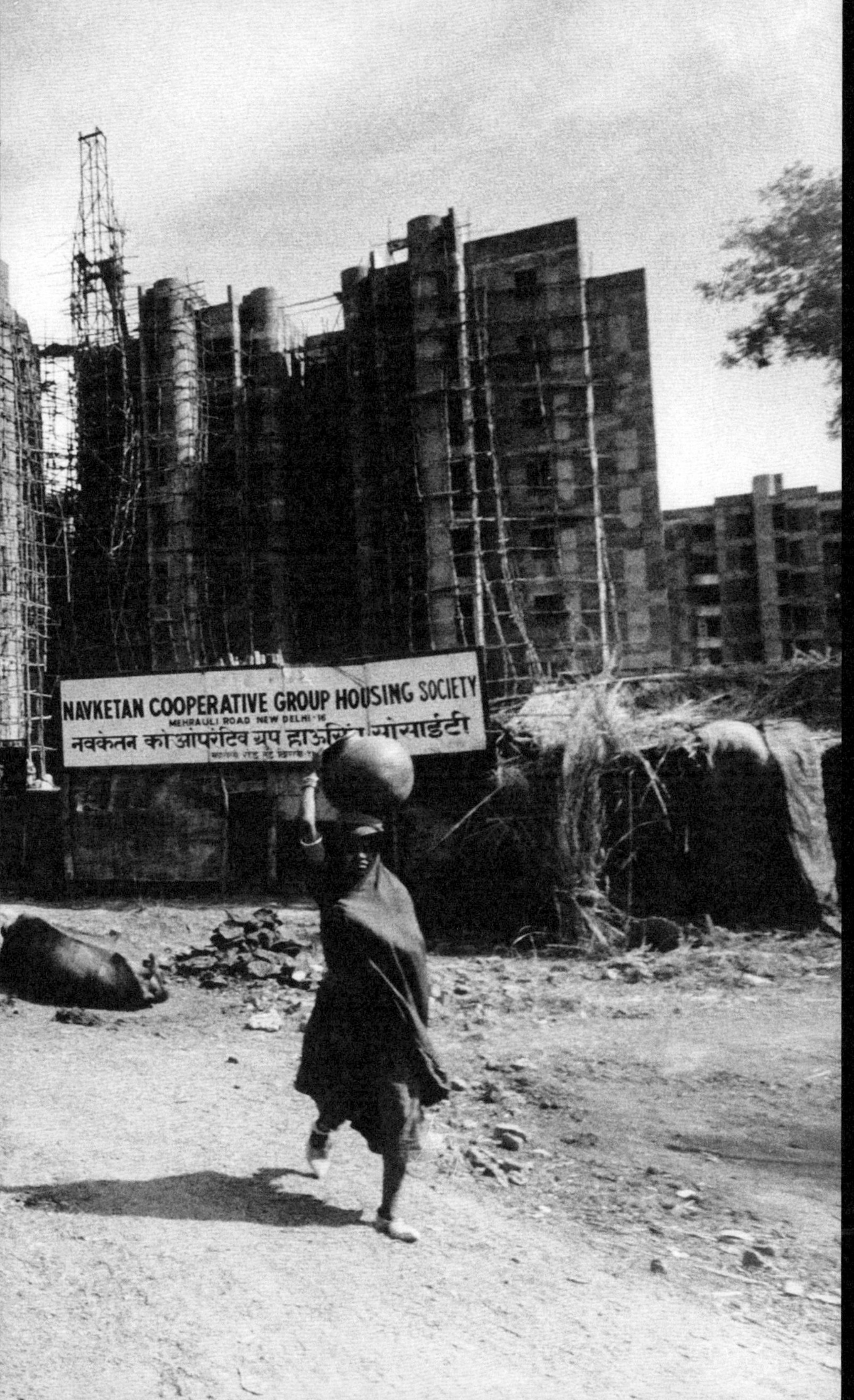
NAVKETAN COOPERATIVE GROUP HOUSING SOCIETY
MEHRAULI ROAD NEW DELHI-16
नवकेतन कोआपरेटिव ग्रुप
सोसाइटी

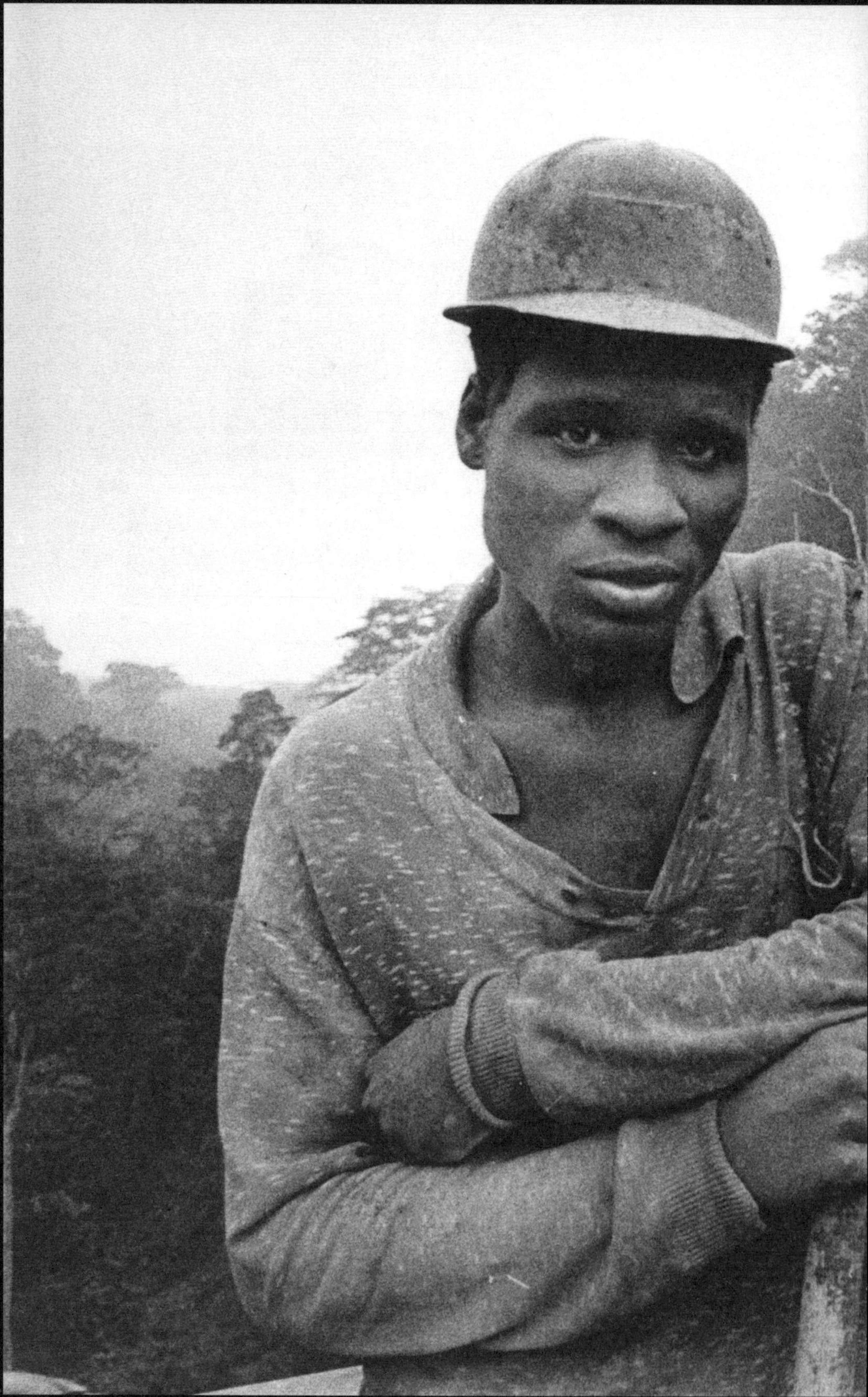

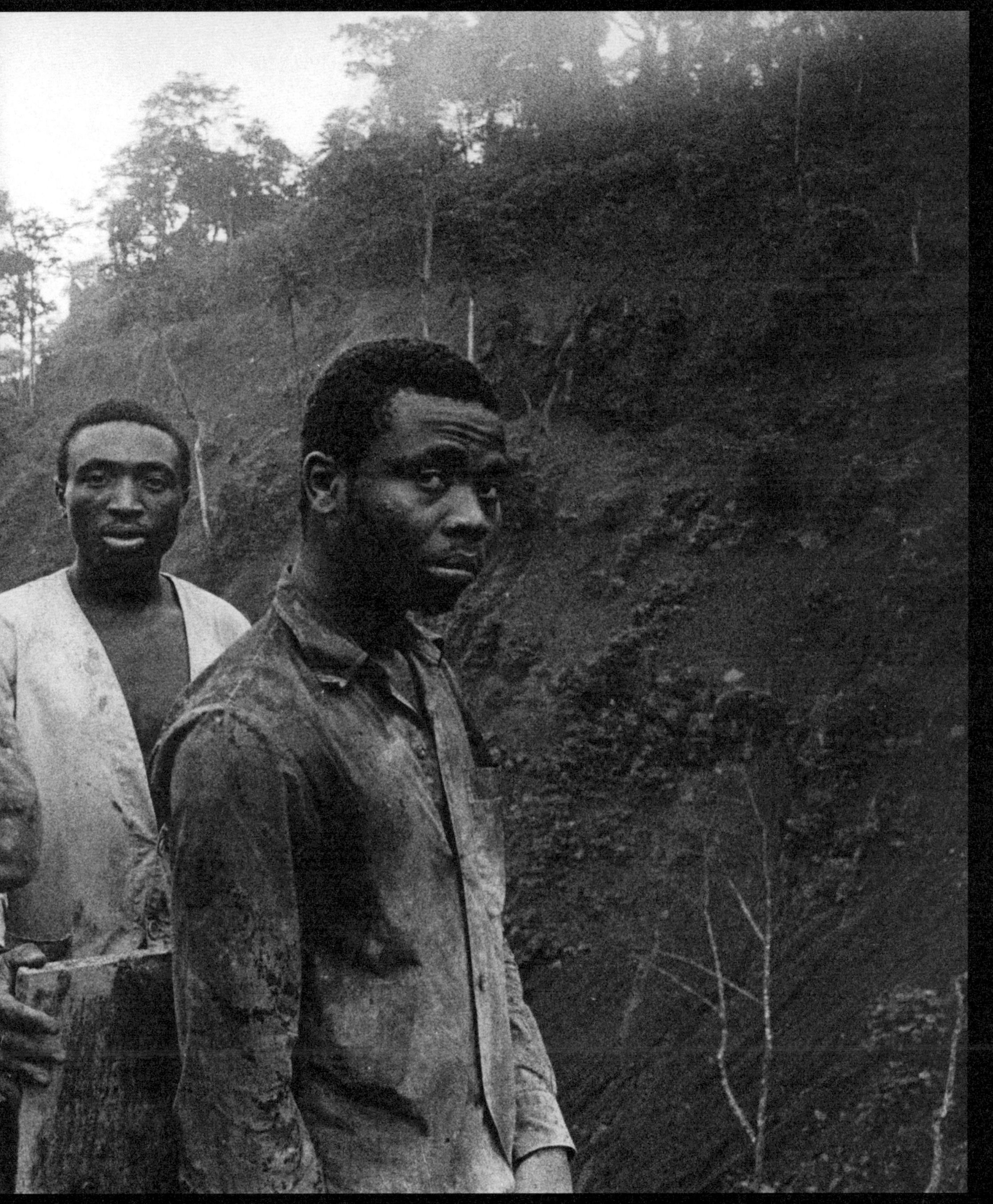

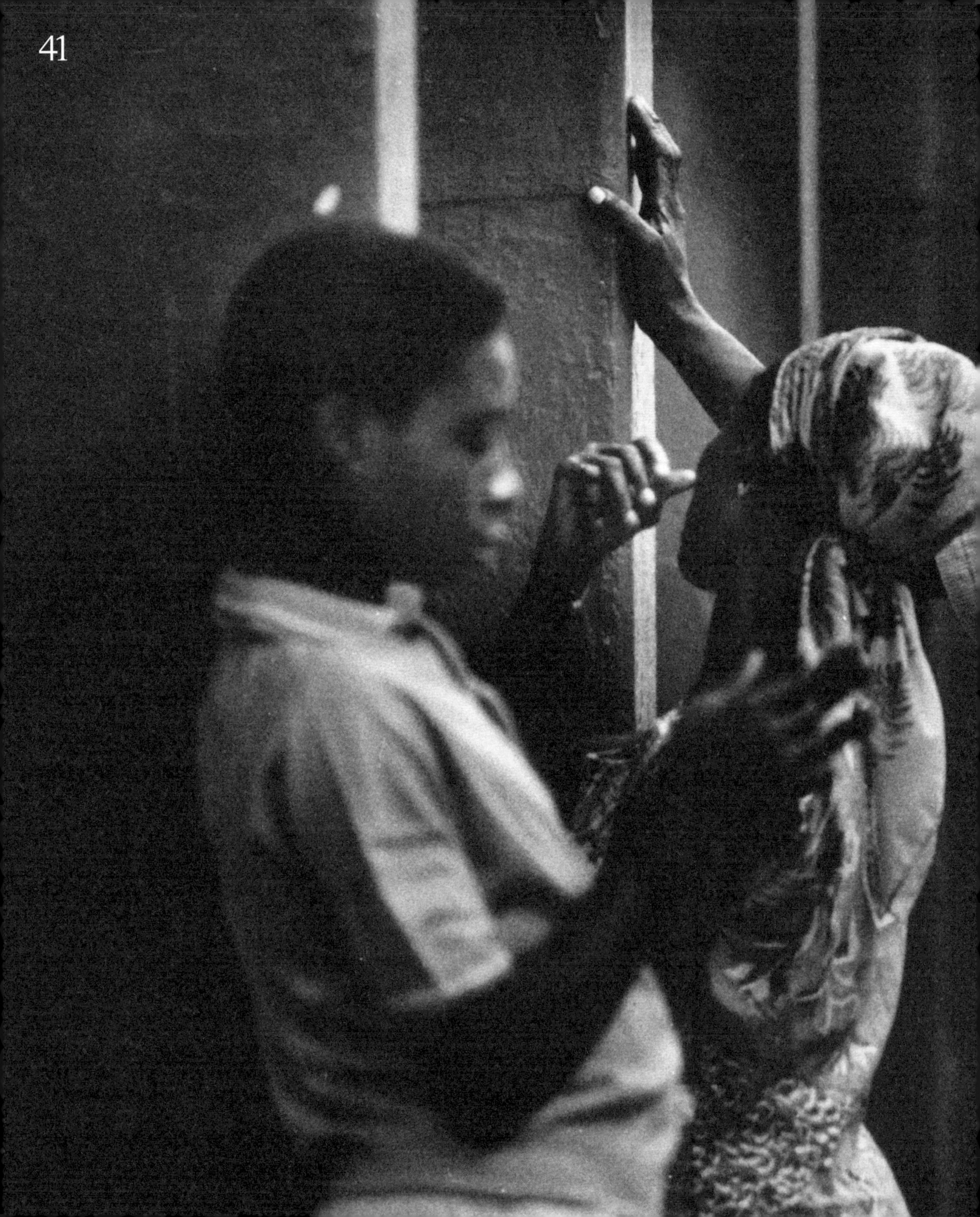
41

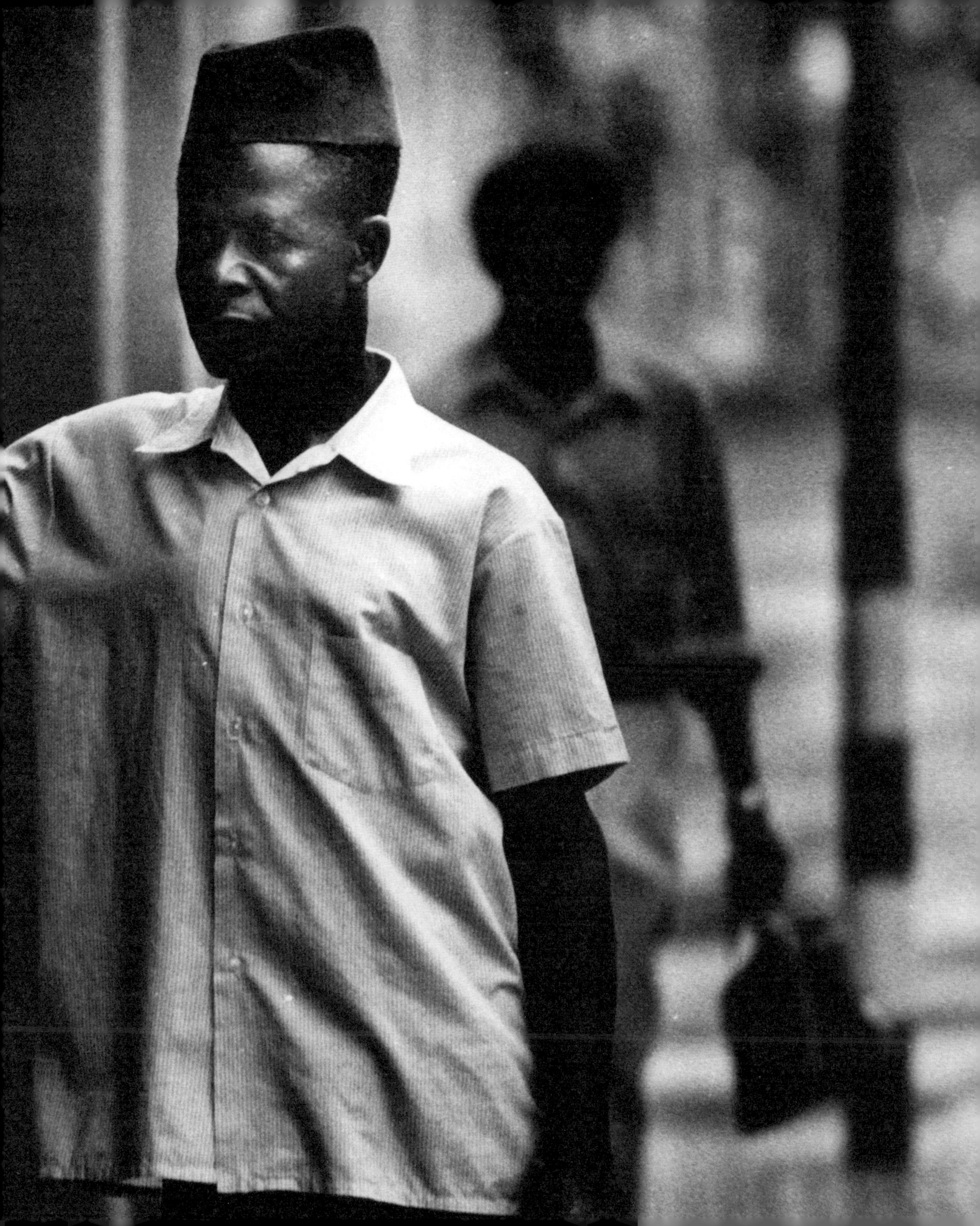

Travels / Reisen

26 *Moskau, Marlene Dietrich*, Silbergelatineabzug / Silver gelatin print, 43,9 × 30,5 cm, 1964
LOOCK Galerie, Berlin

27 *Poznań, Polen*, Silbergelatineabzug / Silver gelatin print, 49,2 × 34,8 cm, 1973
LOOCK Galerie, Berlin

28 *Müritz*, Silbergelatineabzug / Silver gelatin print, 35,5 × 47,4 cm, 1965
LOOCK Galerie, Berlin

29 *Moskau, Maya Plisetskaya*, Silbergelatineabzug (Vintage) / Vintage silver gelatin print, 29,6 × 22 cm, 1965
LOOCK Galerie, Berlin

30 *Thüringen, Fuhrunternehmer*, Silbergelatineabzug / Silver gelatin print, 55,8 × 36,4 cm, 1971
LOOCK Galerie, Berlin

31 *Nessebar, Schausteller*, Silbergelatineabzug / Silver gelatin print, 38,5 × 25,8 cm, 1972
LOOCK Galerie, Berlin

32 *Tschechische Republik, Shanna Prochorenko*, Silbergelatineabzug (Vintage) / Vintage silver gelatin print, 37 × 26, cm 1960
Private Collection, Berlin

33 *Budapest, Frau im Café*, Silbergelatineabzug (Vintage) / Vintage silver gelatin print, 29 × 39,7 cm, 1960
Galerie Berinson, Berlin

34 *Budapest, Kaffeehaus*, Silbergelatineabzug (Vintage) / Vintage silver gelatin print, 30 × 39,7 cm, 1960
Galerie Berinson, Berlin

35 *Leningrad, Alte Leningraderin*, Silbergelatineabzug / Silver gelatin print, 35,4 × 47,5 cm, 1975
LOOCK Galerie, Berlin

36 *Leningrad*, Silbergelatineabzug / Silver gelatin print, 38,8 × 26,6 cm, 1975
LOOCK Galerie, Berlin

37 *Leningrad*, Silbergelatineabzug / Silver gelatin print, 35 × 24 cm, 1964
Private collection, Berlin

38 *Indien*, Silbergelatineabzug / Silver gelatin print, 35,6 × 24 cm, 1978
LOOCK Galerie, Berlin

39 *Indien*, Silbergelatineabzug / Silver gelatin print, 35,6 × 52,4 cm, 1978
LOOCK Galerie, Berlin

40 *Äquatorialguinea*, Silbergelatineabzug / Silver gelatin print, 26 × 37,6 cm, 1972
LOOCK Galerie, Berlin

41 *Äquatorialguinea*, Silbergelatineabzug / Silver gelatin print, 29,8 × 39,7 cm, 1972
LOOCK Galerie, Berlin

All images © Arno Fischer Estate
Alle Bilder © Erbengemeinschaft Arno Fischer

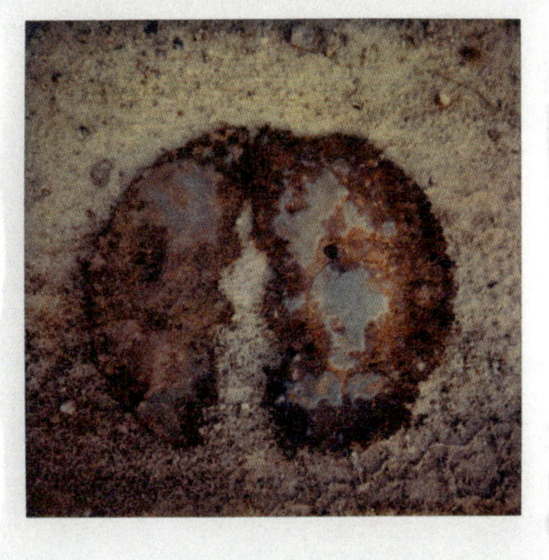
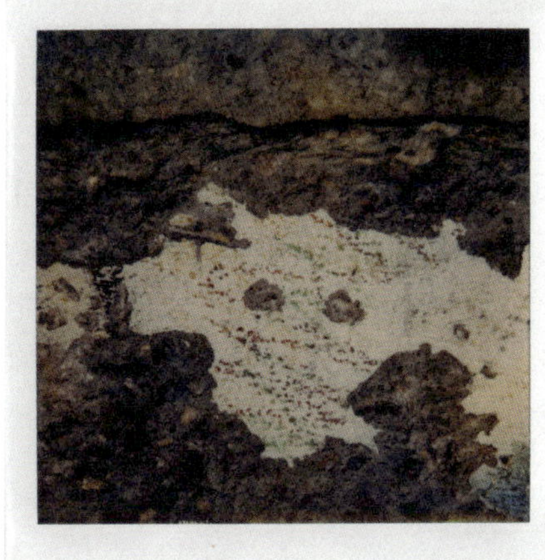
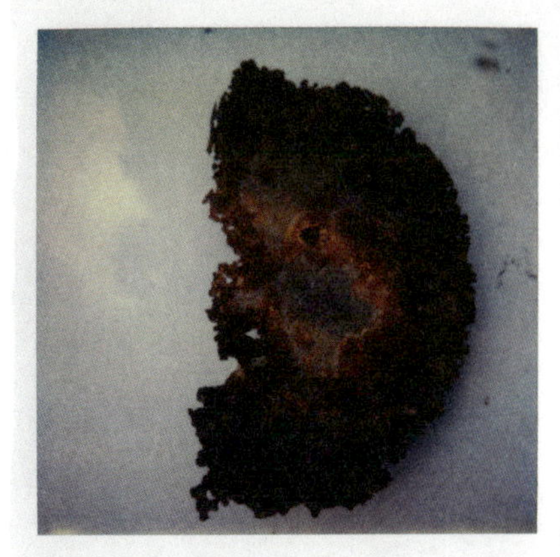
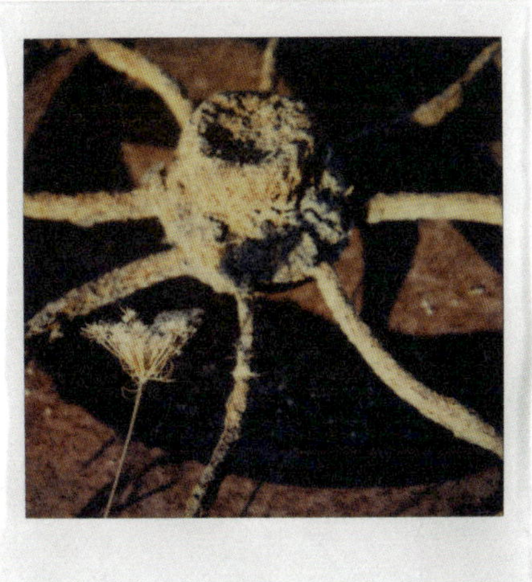
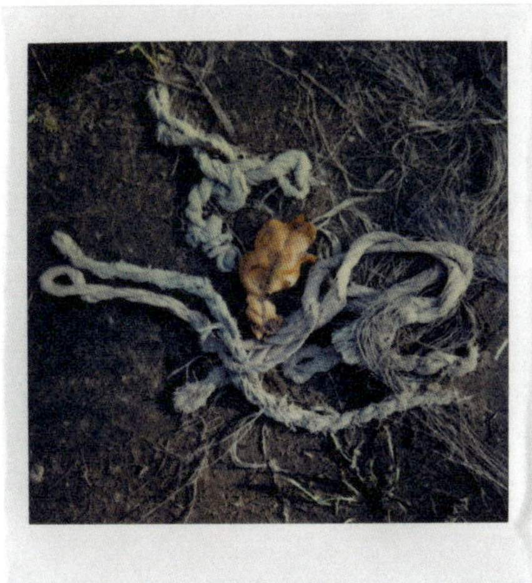
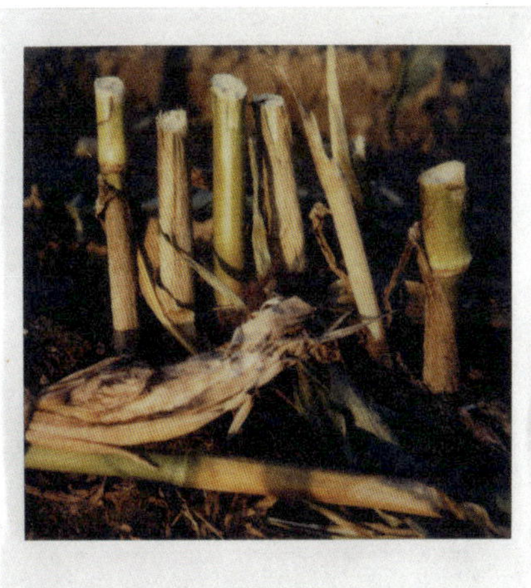
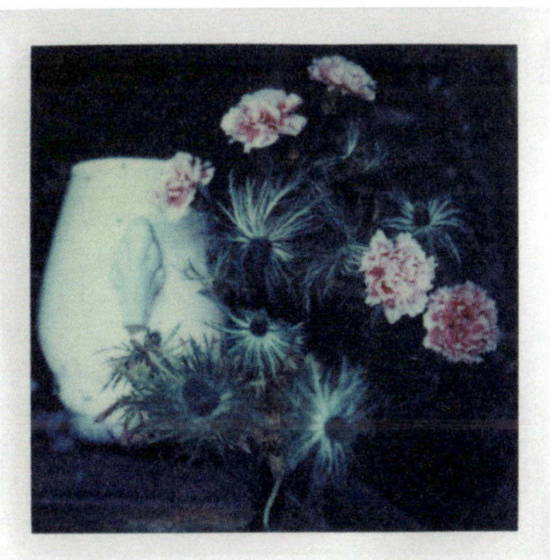
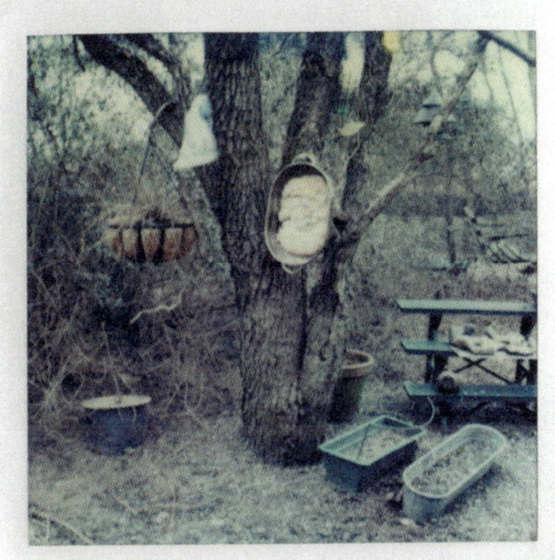
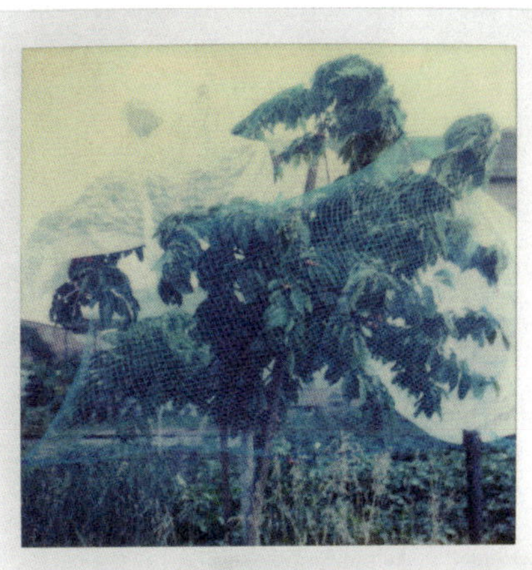

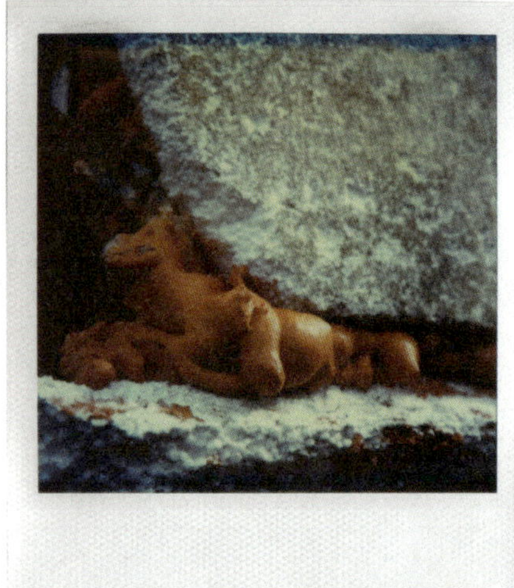
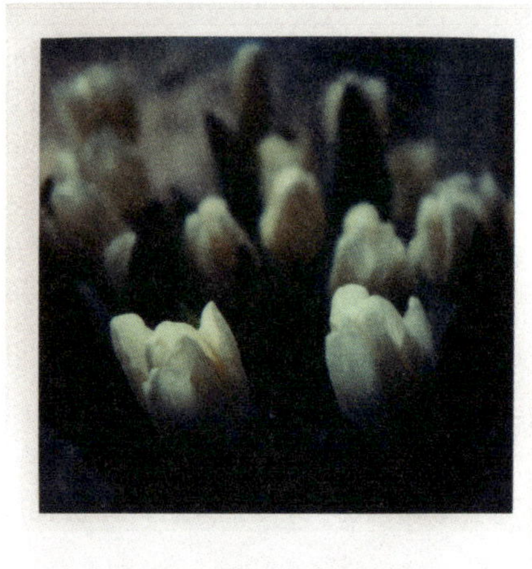
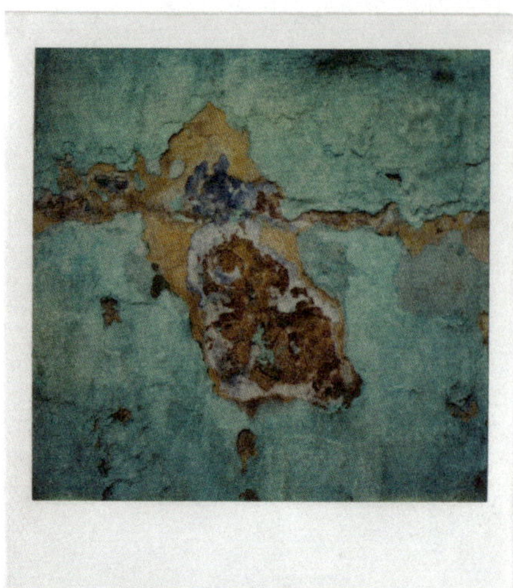
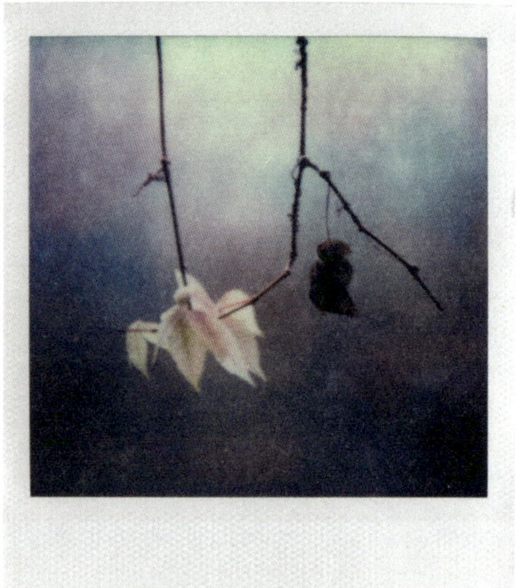
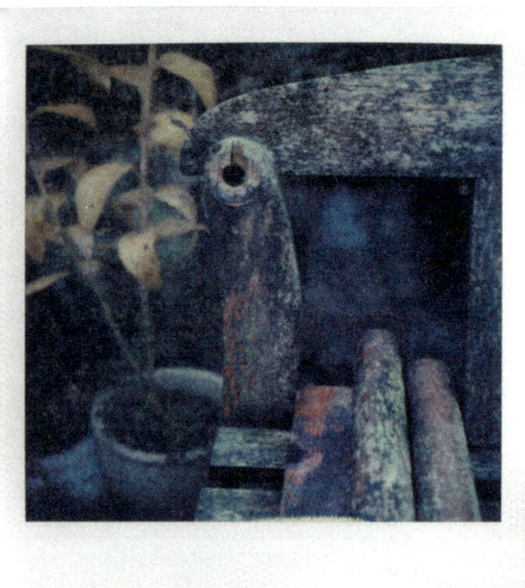
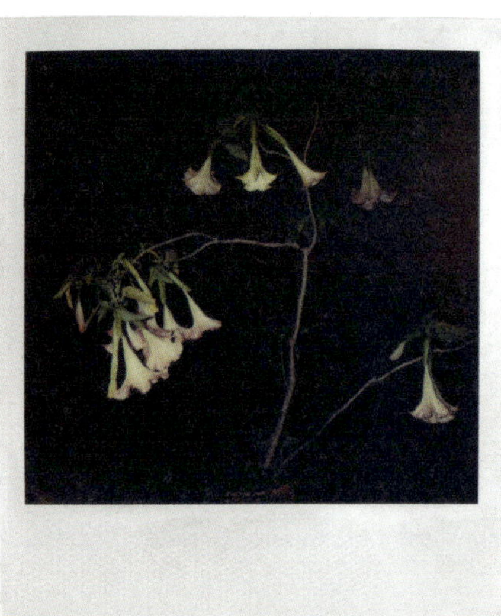
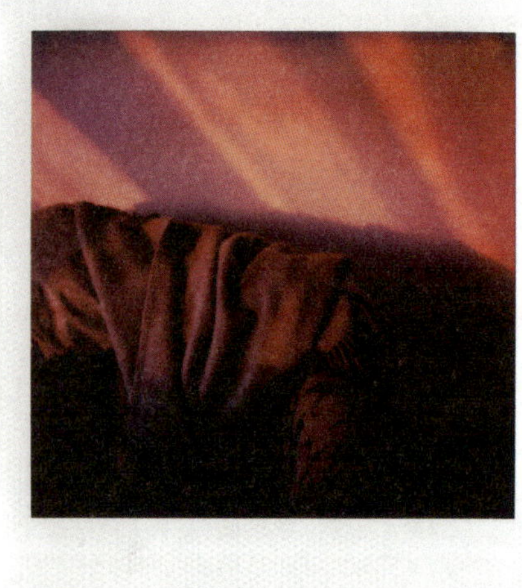
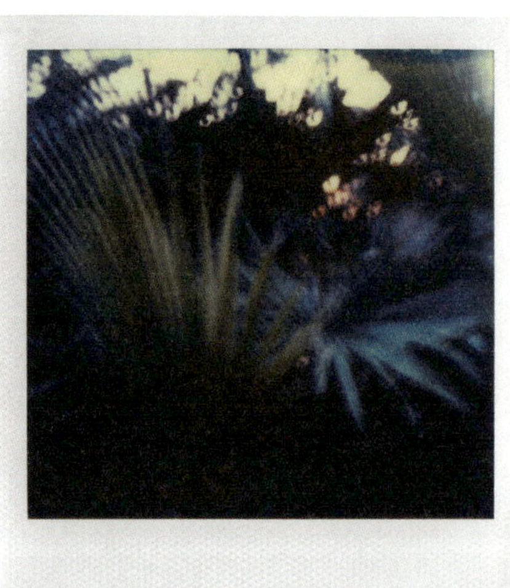
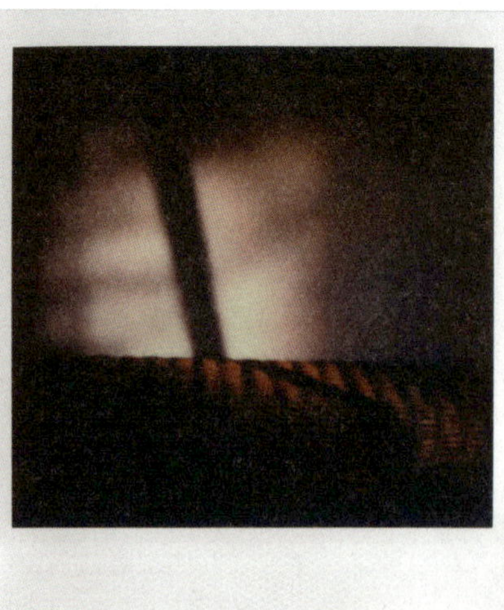

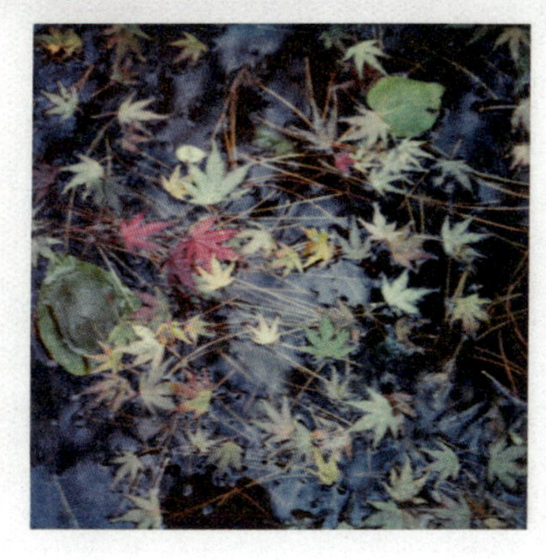
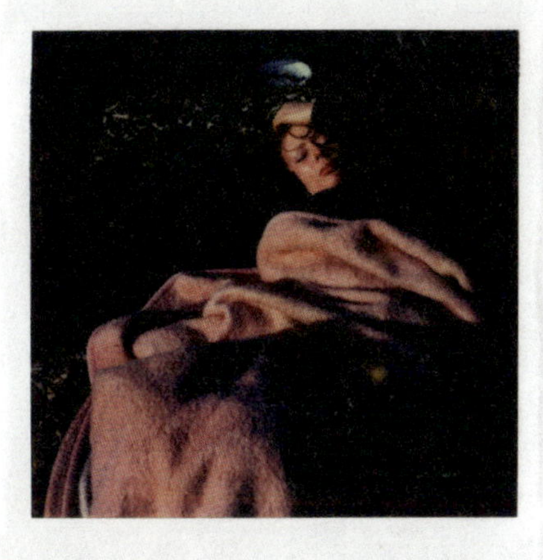
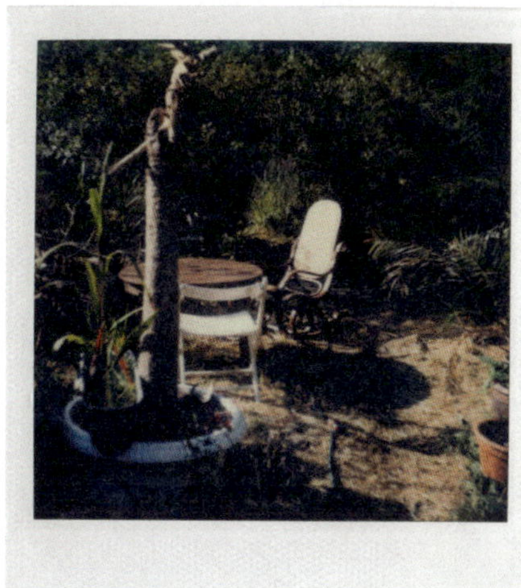
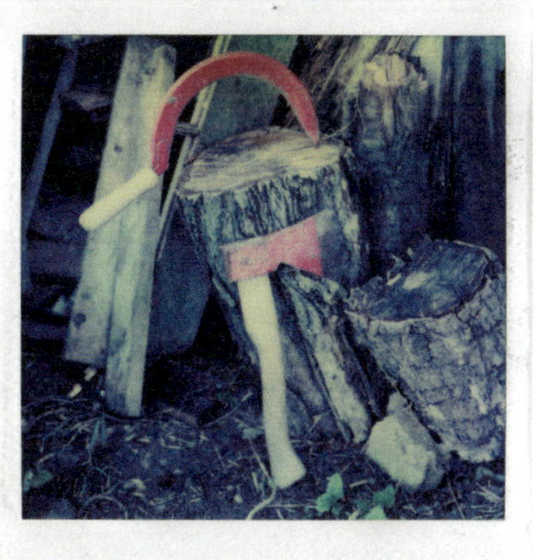

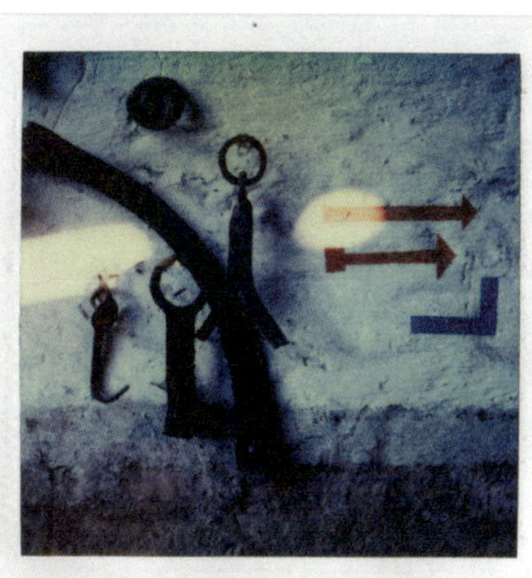
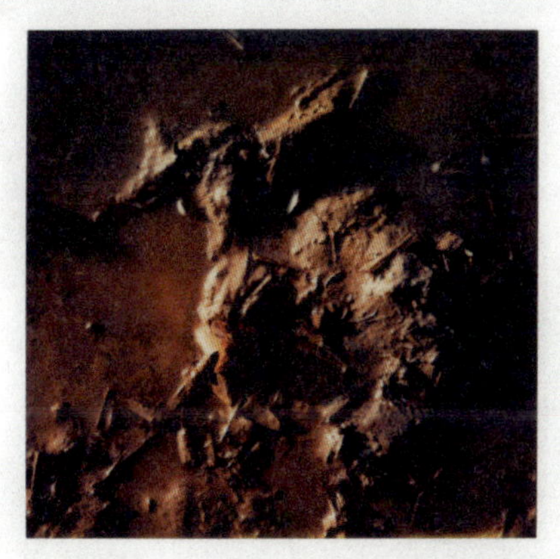
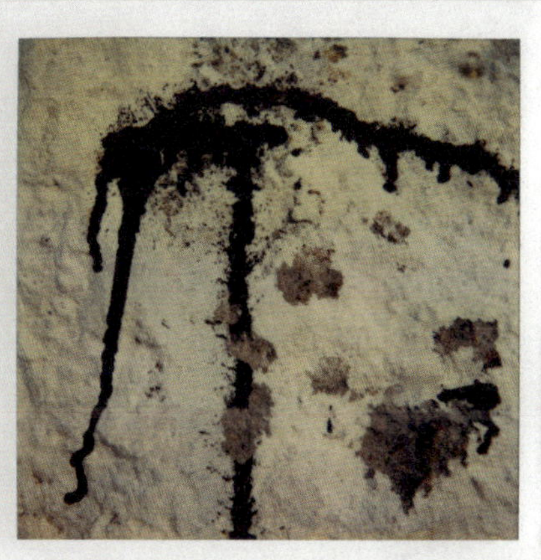
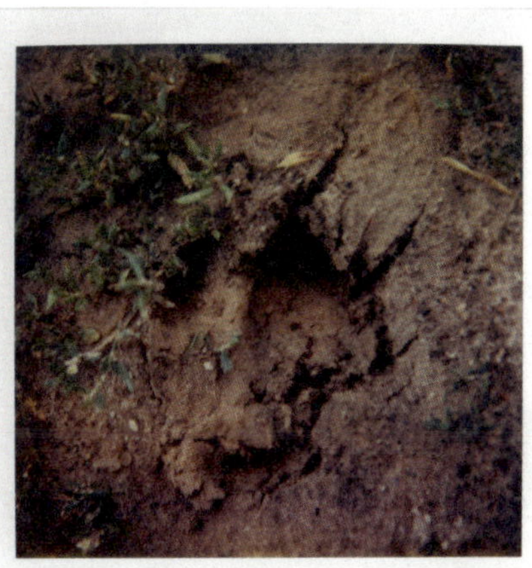

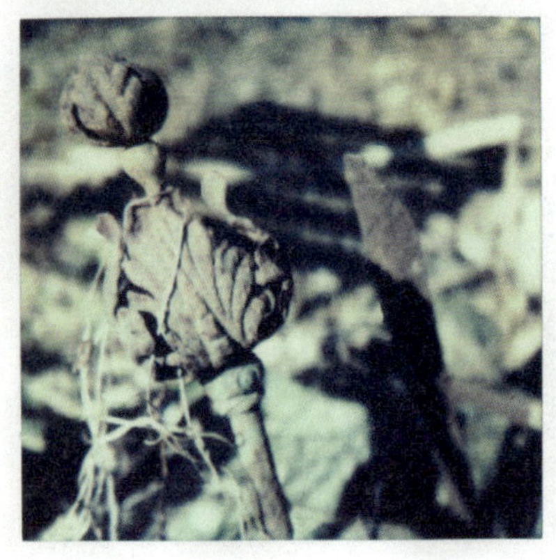
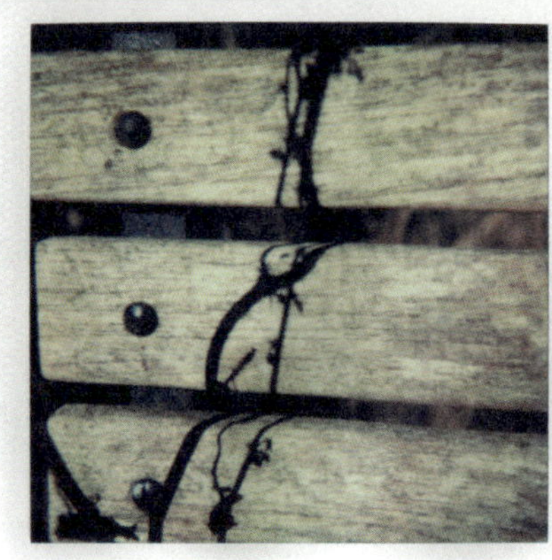
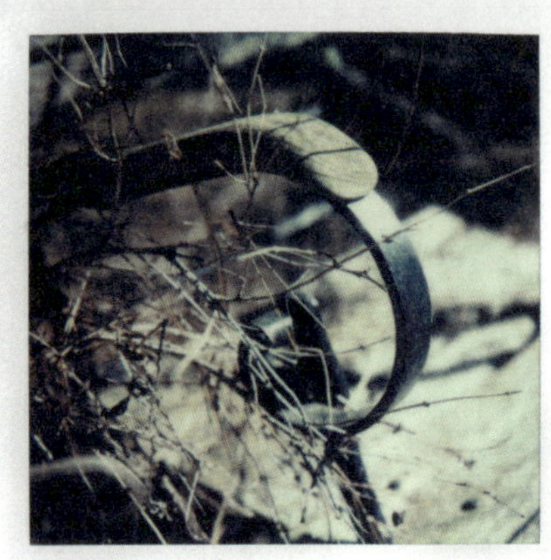
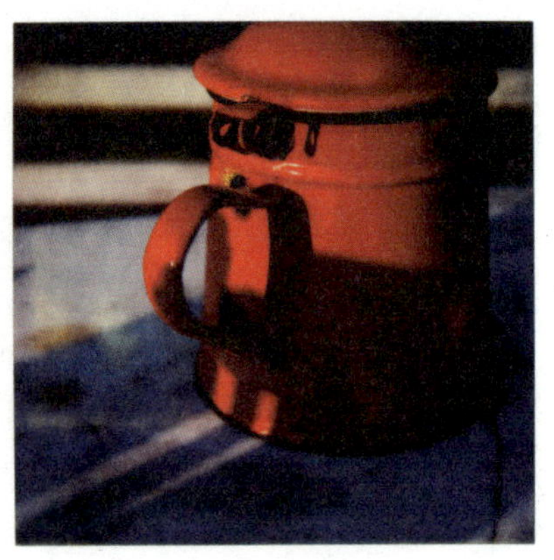
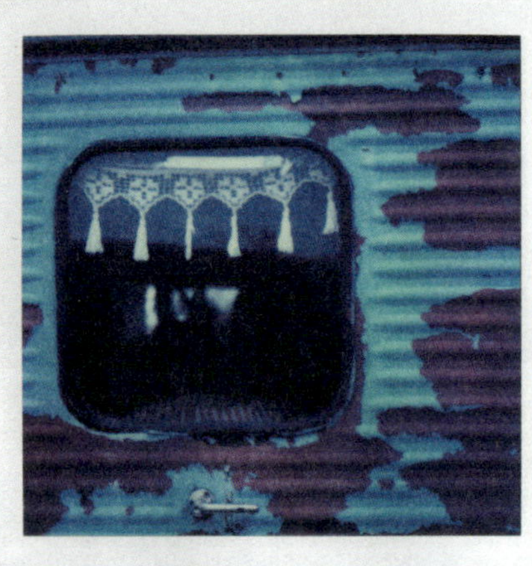
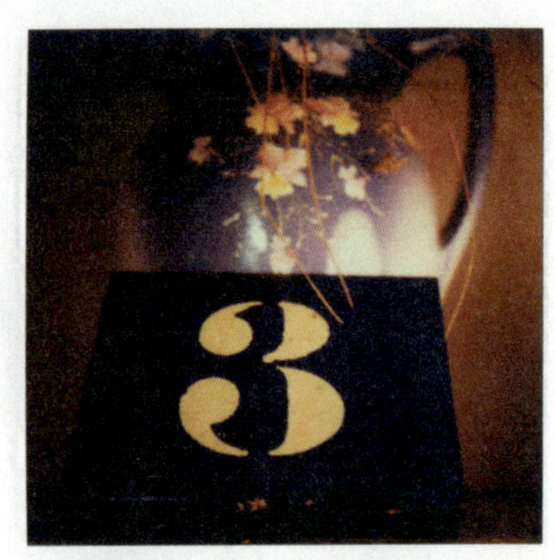
3
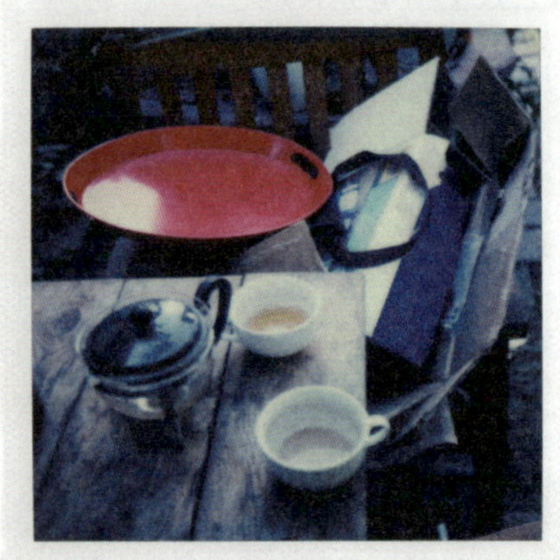
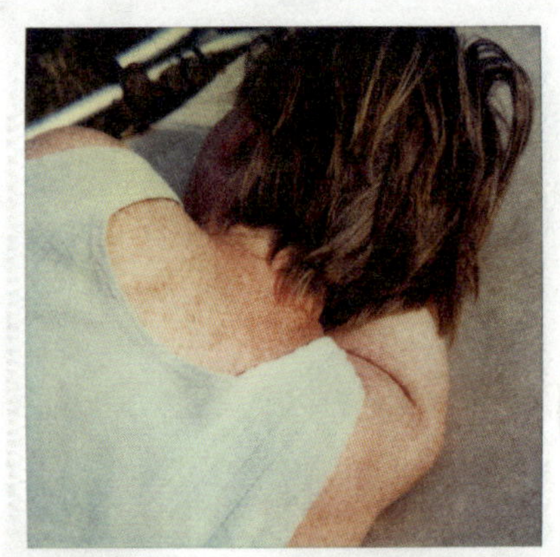
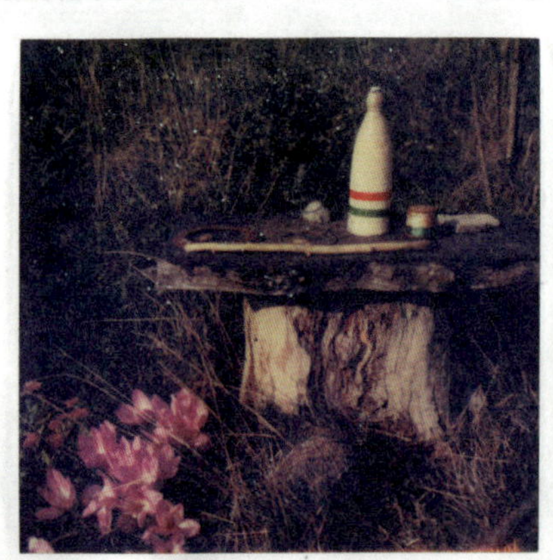

Der Garten

Ohne Titel, 36 Polaroids zu 12 Triptychen geordnet, aus der Serie *Der Garten* / Untitled, 36 Polaroids arranged as triptychs in 12 frames from the series *Der Garten*, je / each 11,3 × 9,2 cm, 1978–2007

All images © Arno Fischer Estate
Alle Bilder © Erbengemeinschaft Arno Fischer

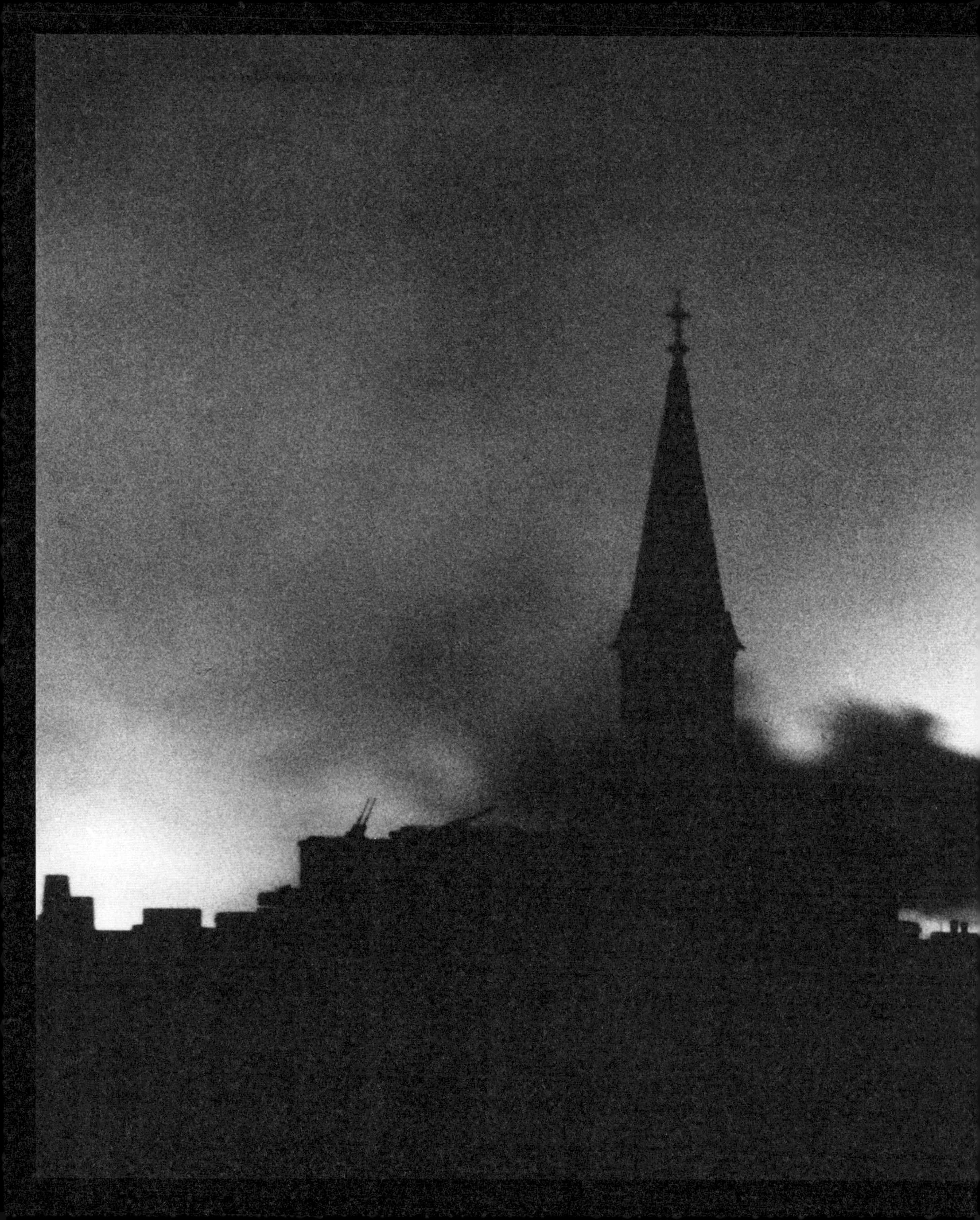

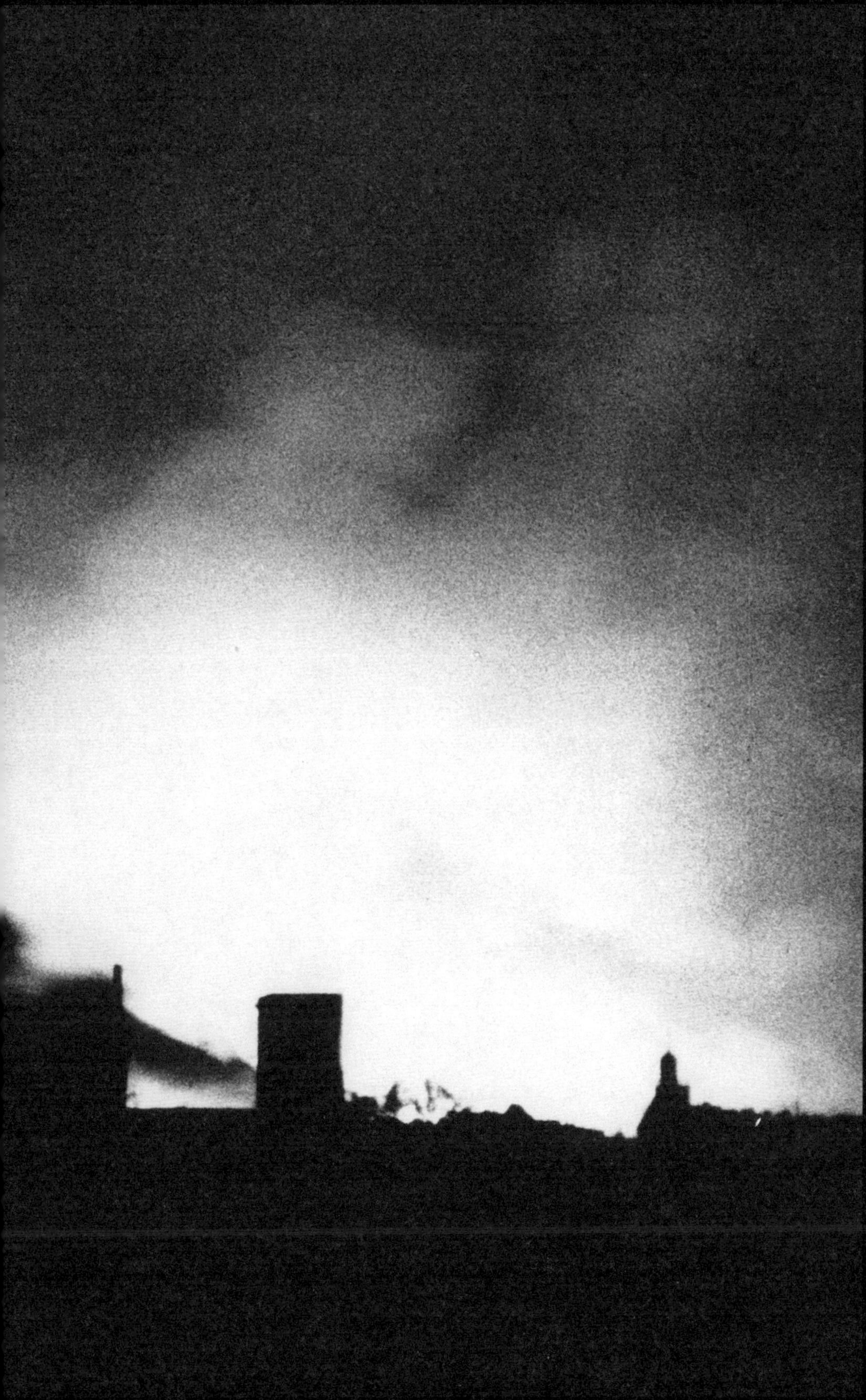

43

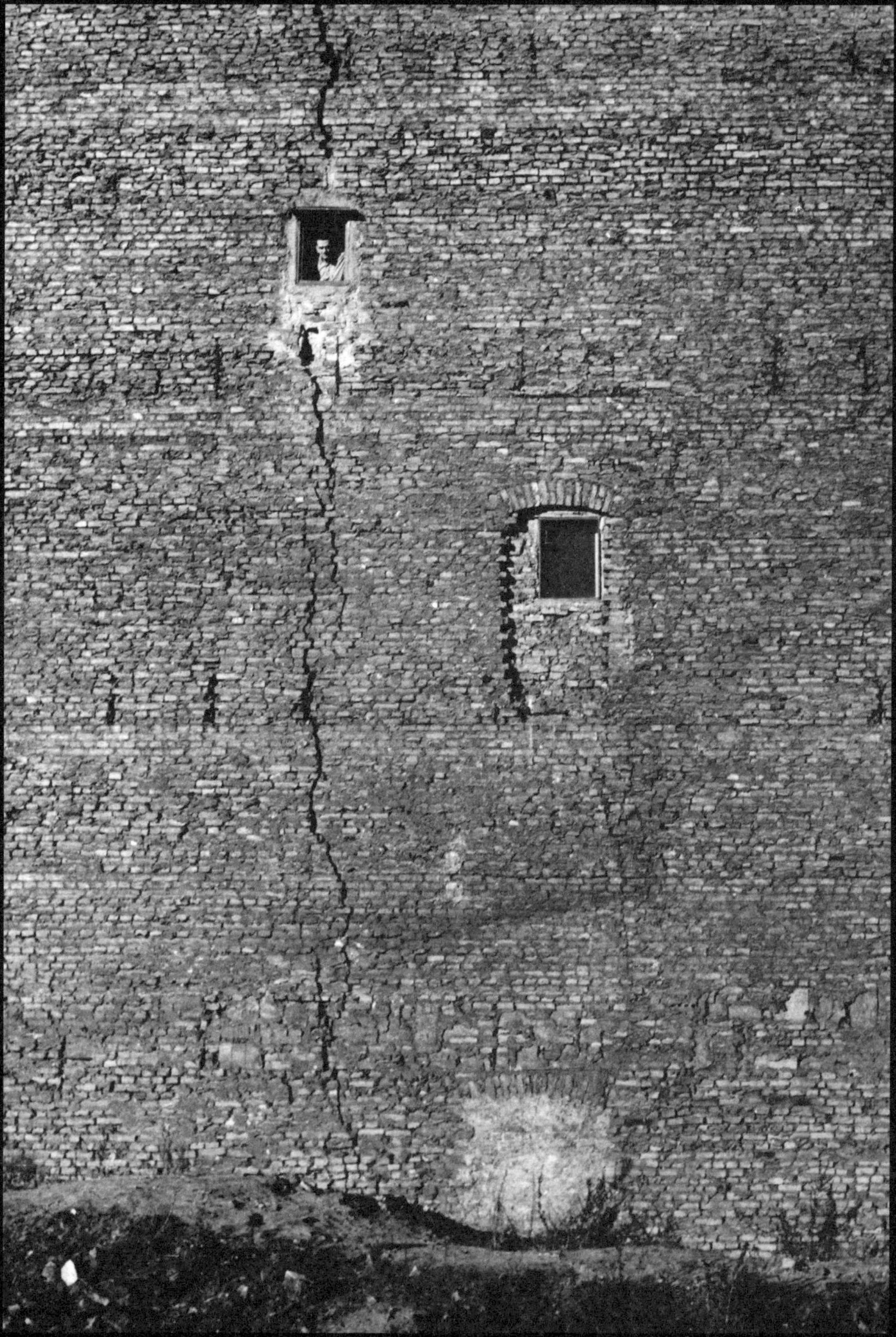

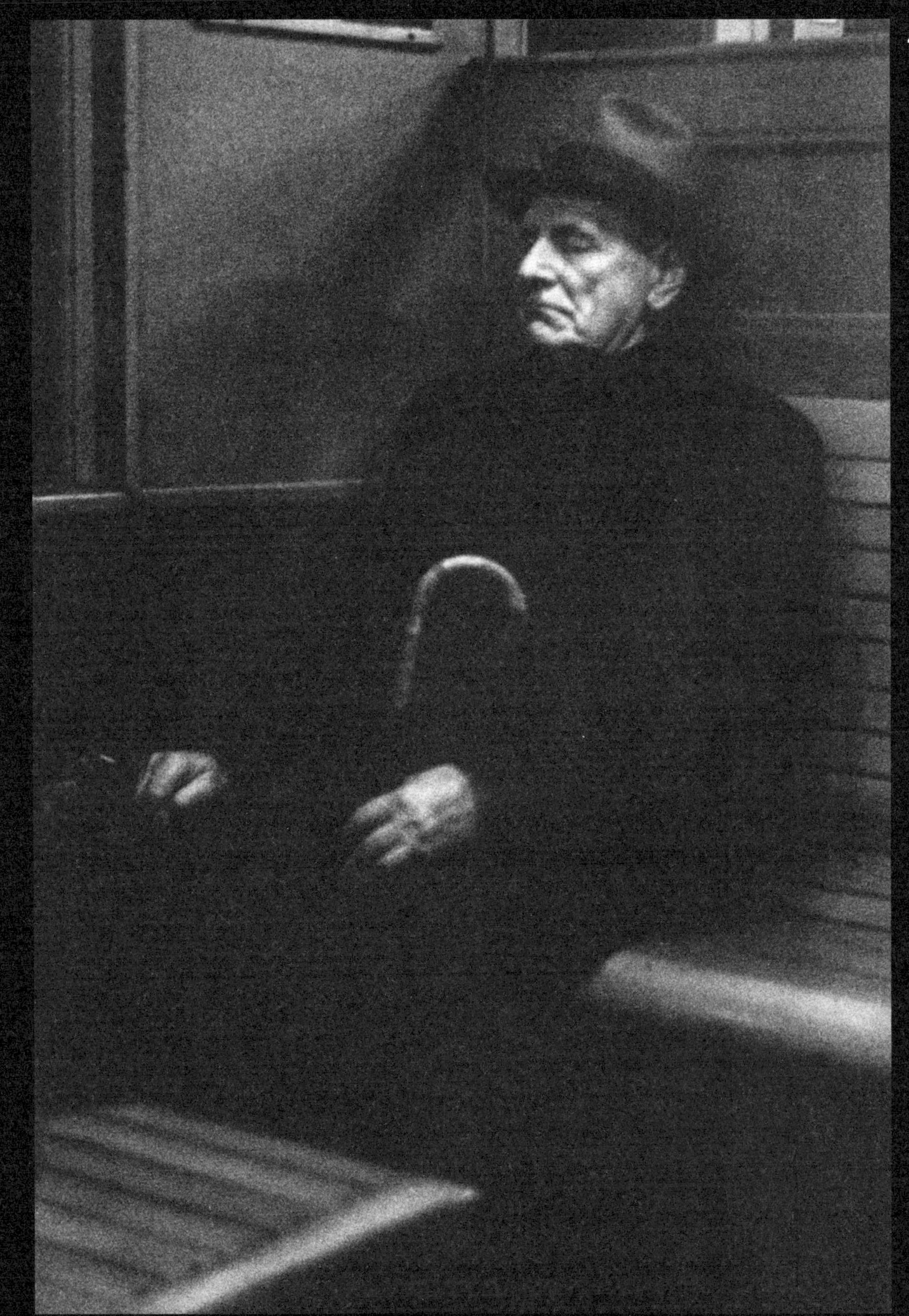

Galerie Berinson, Berlin

45

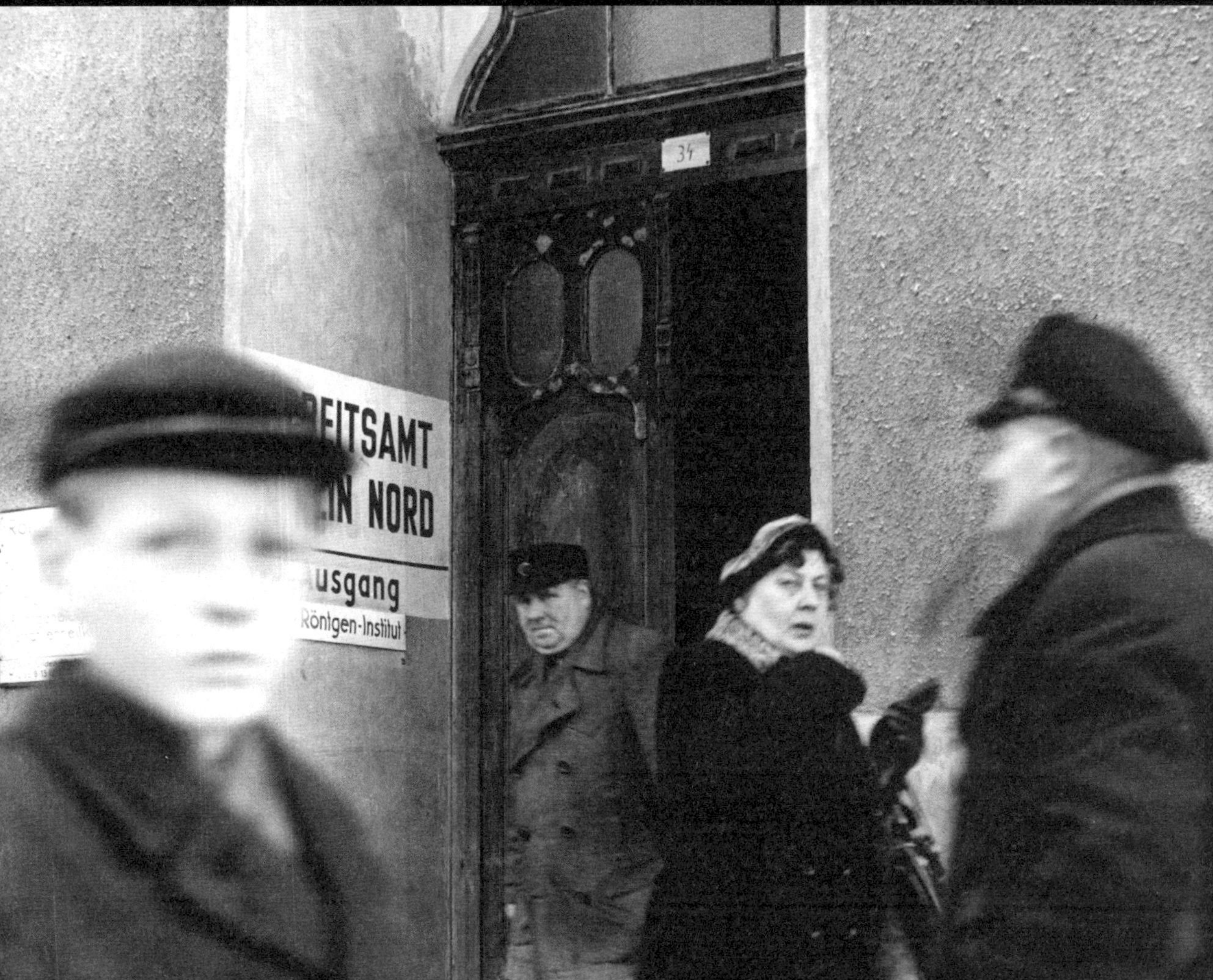

Galerie Berinson, Berlin

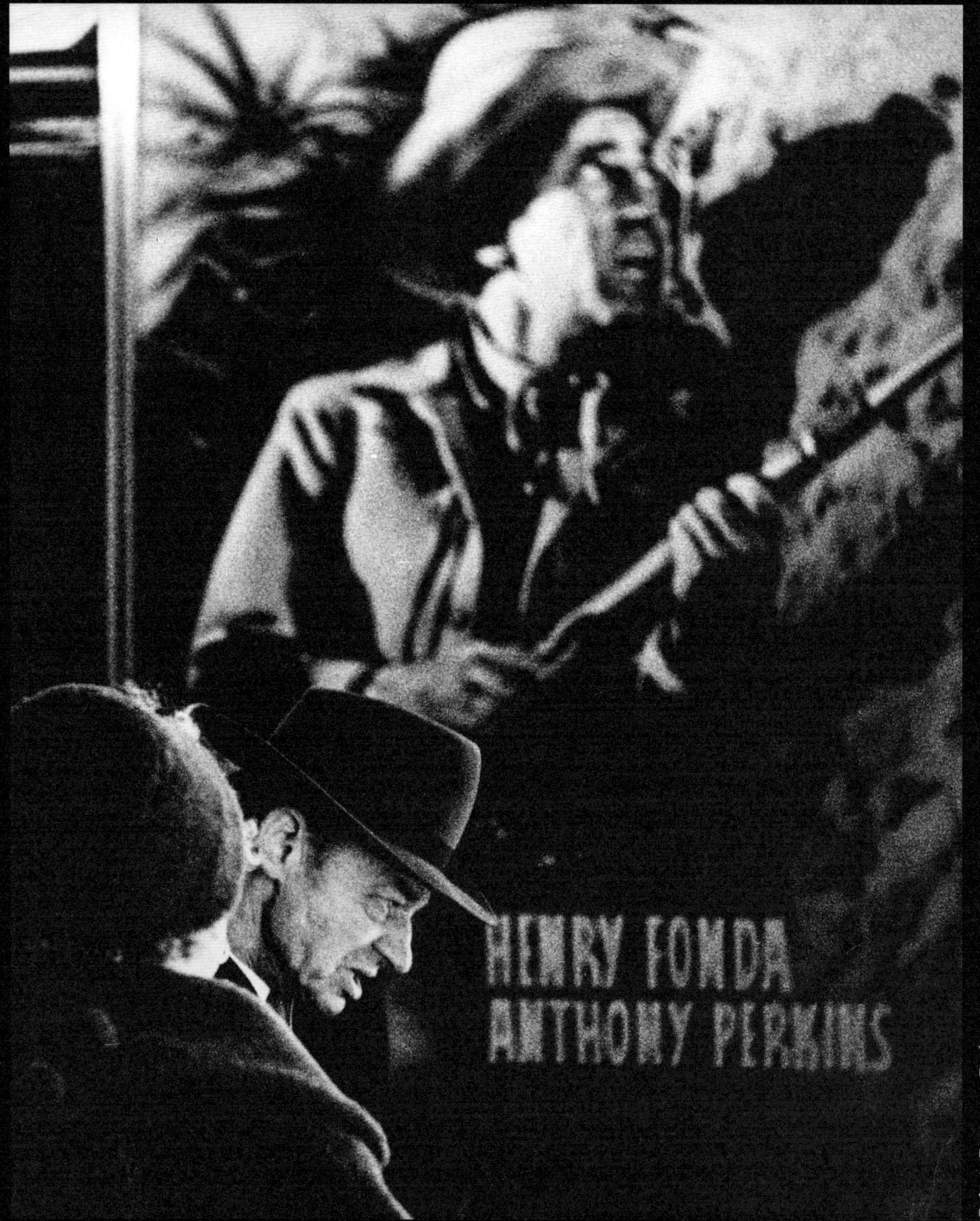

Galerie Berinson, Berlin

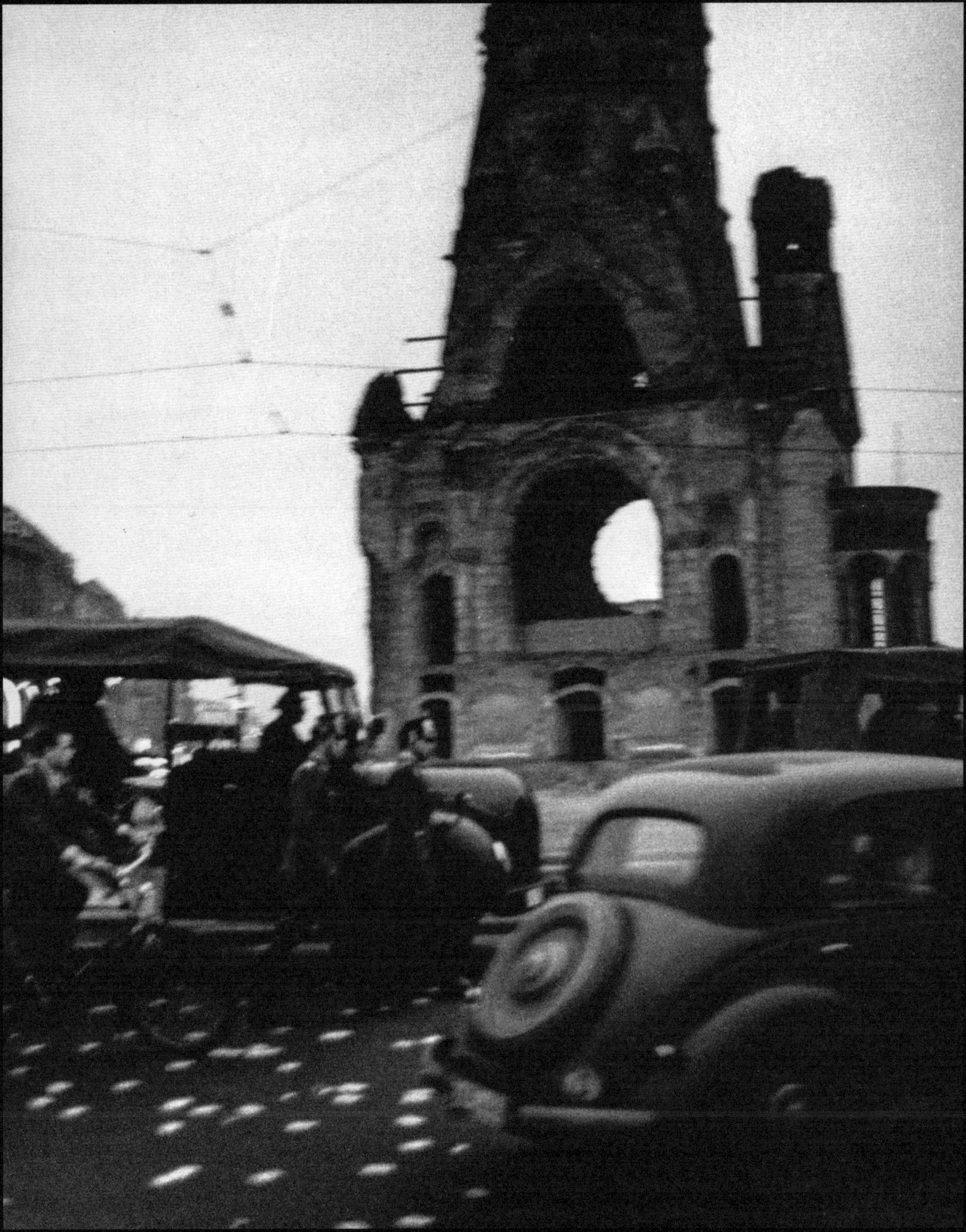

47

Galerie Berinson, Berlin

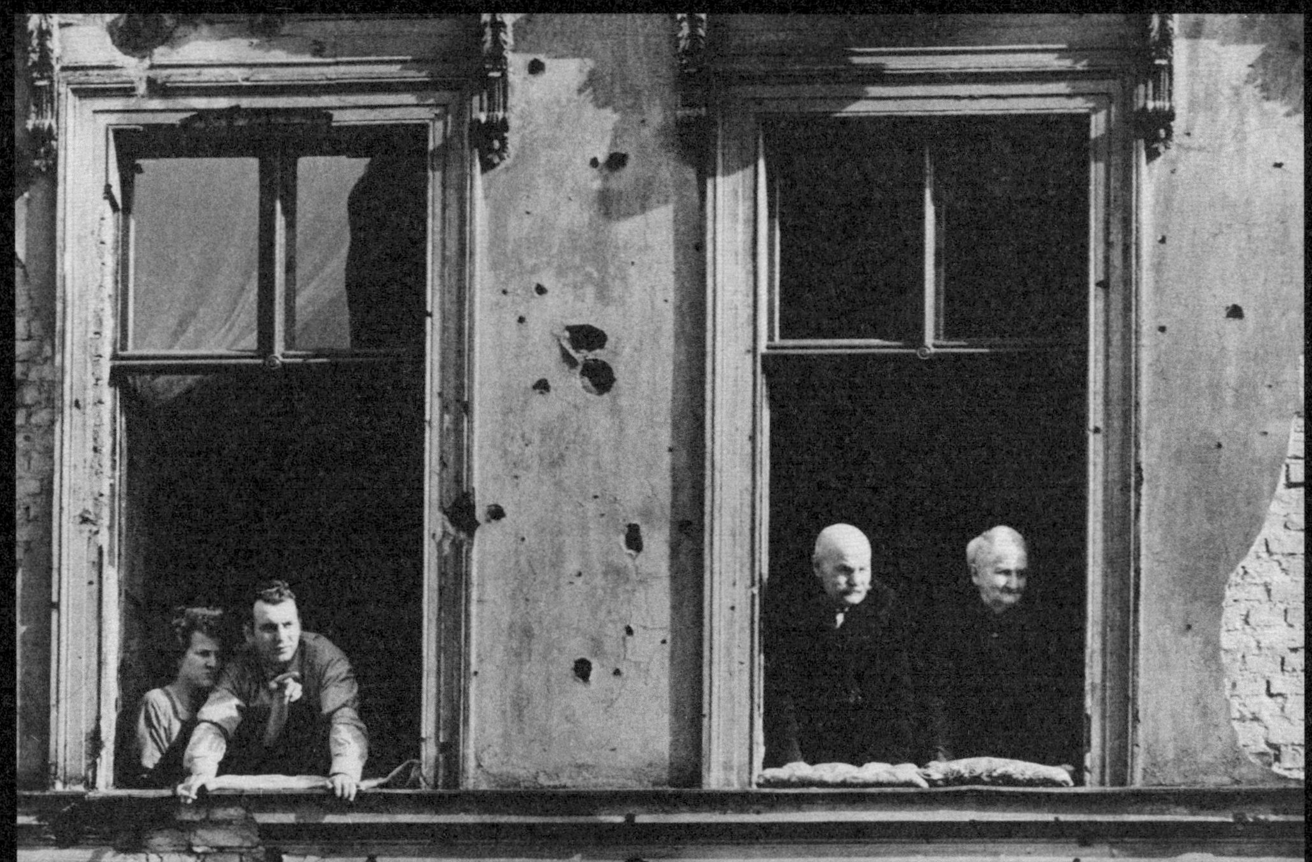

48

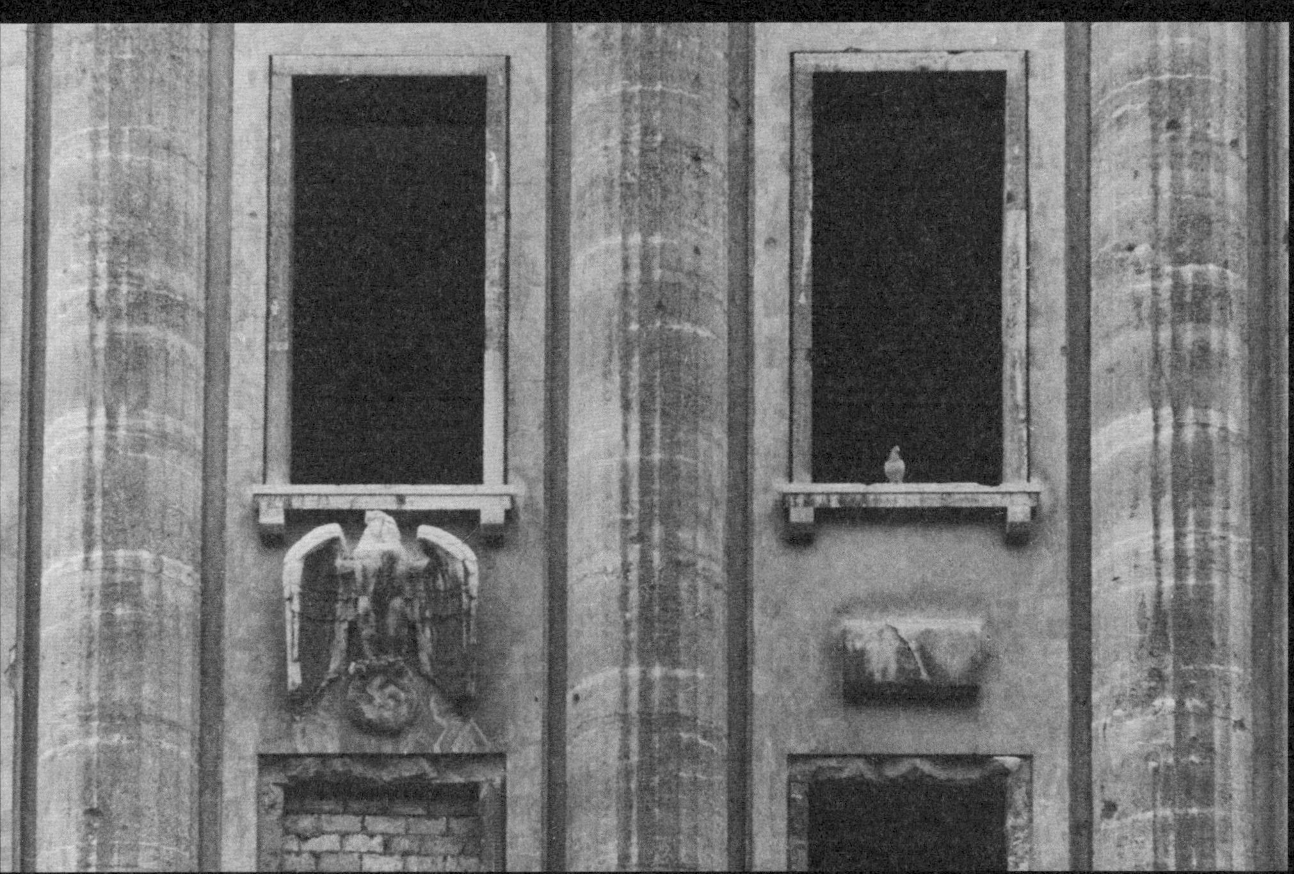

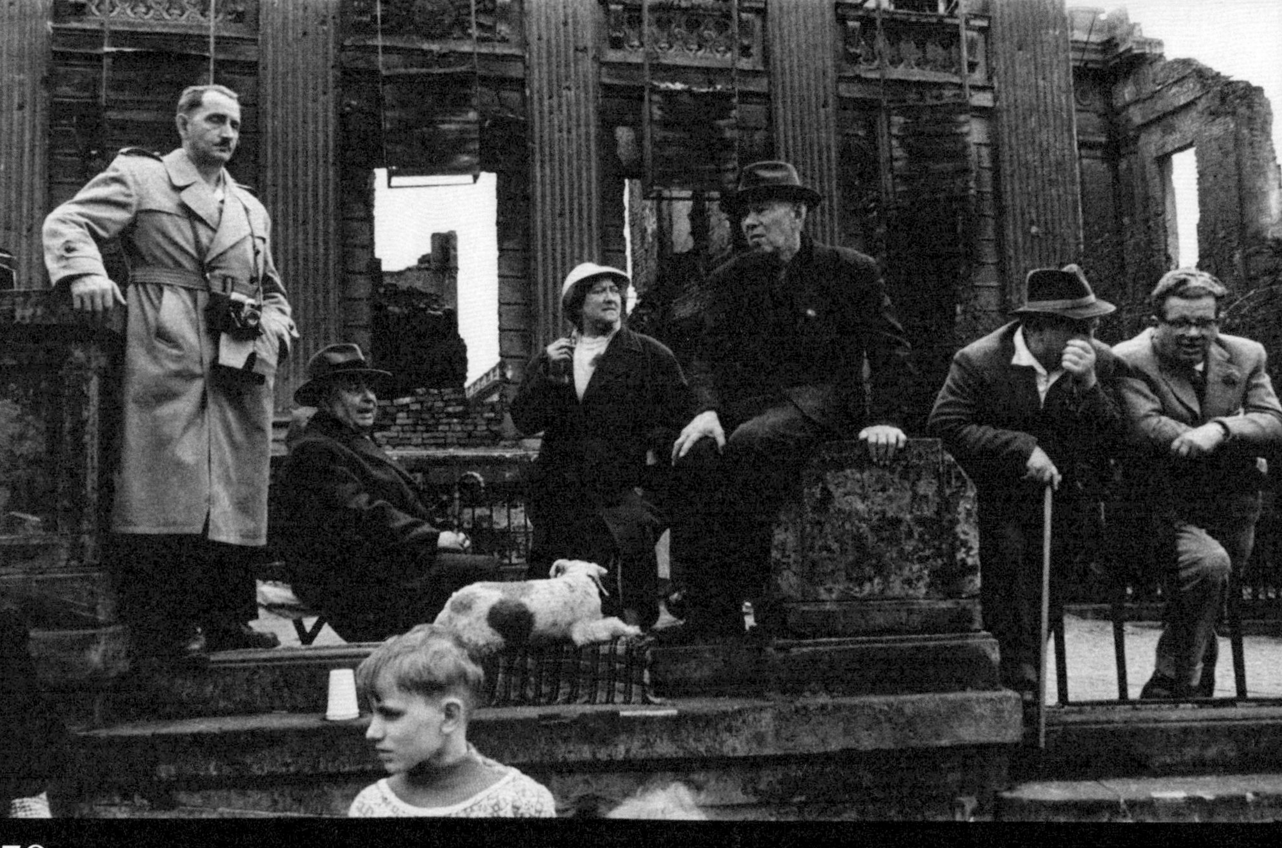

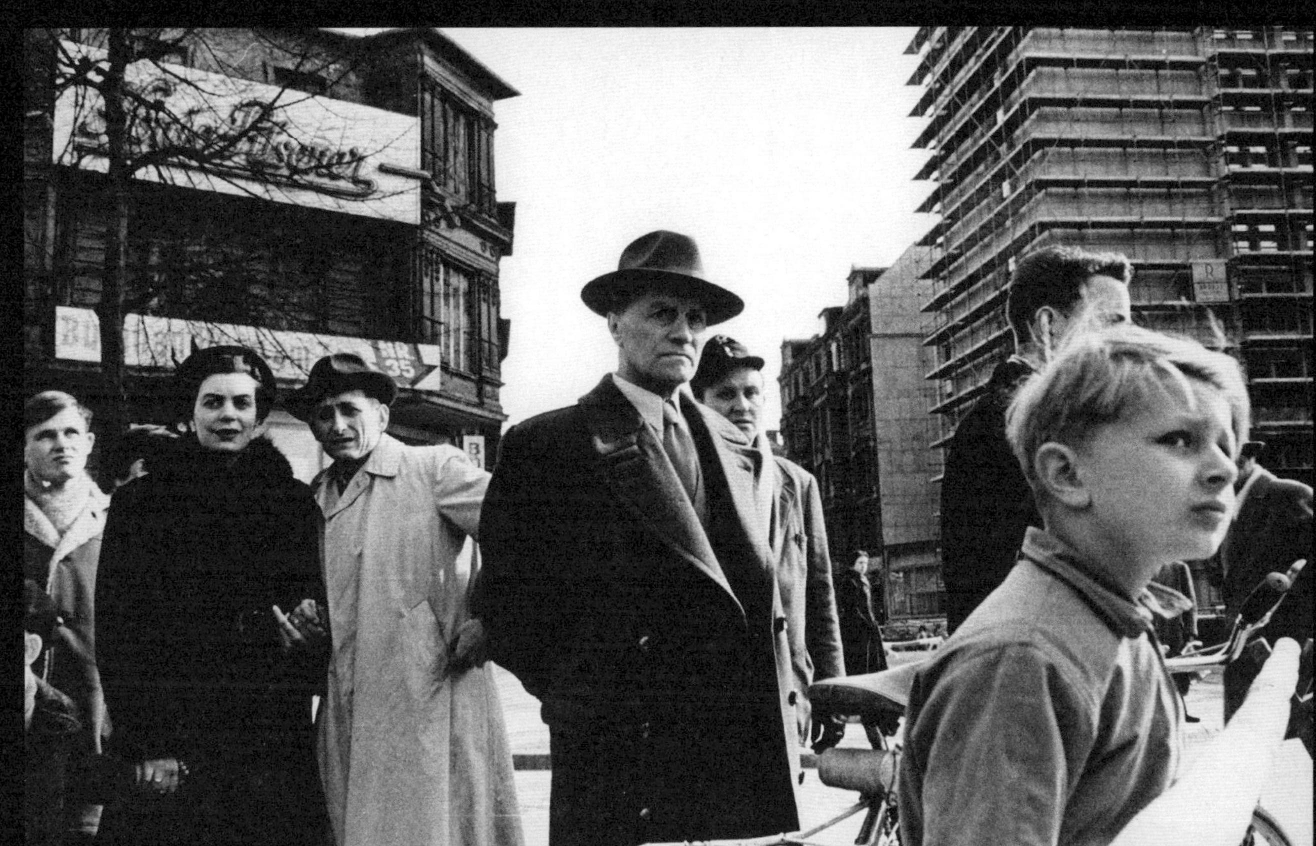

51

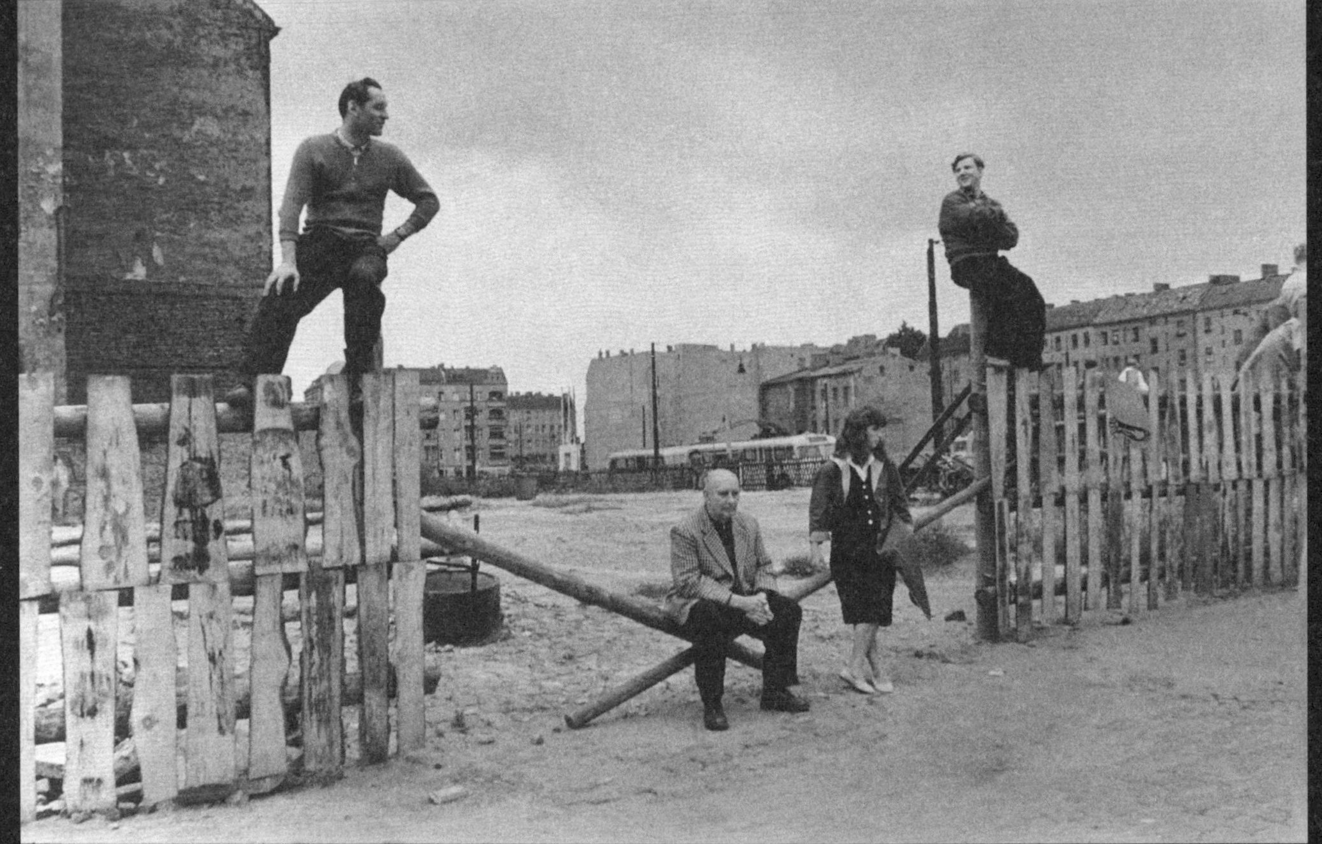

52

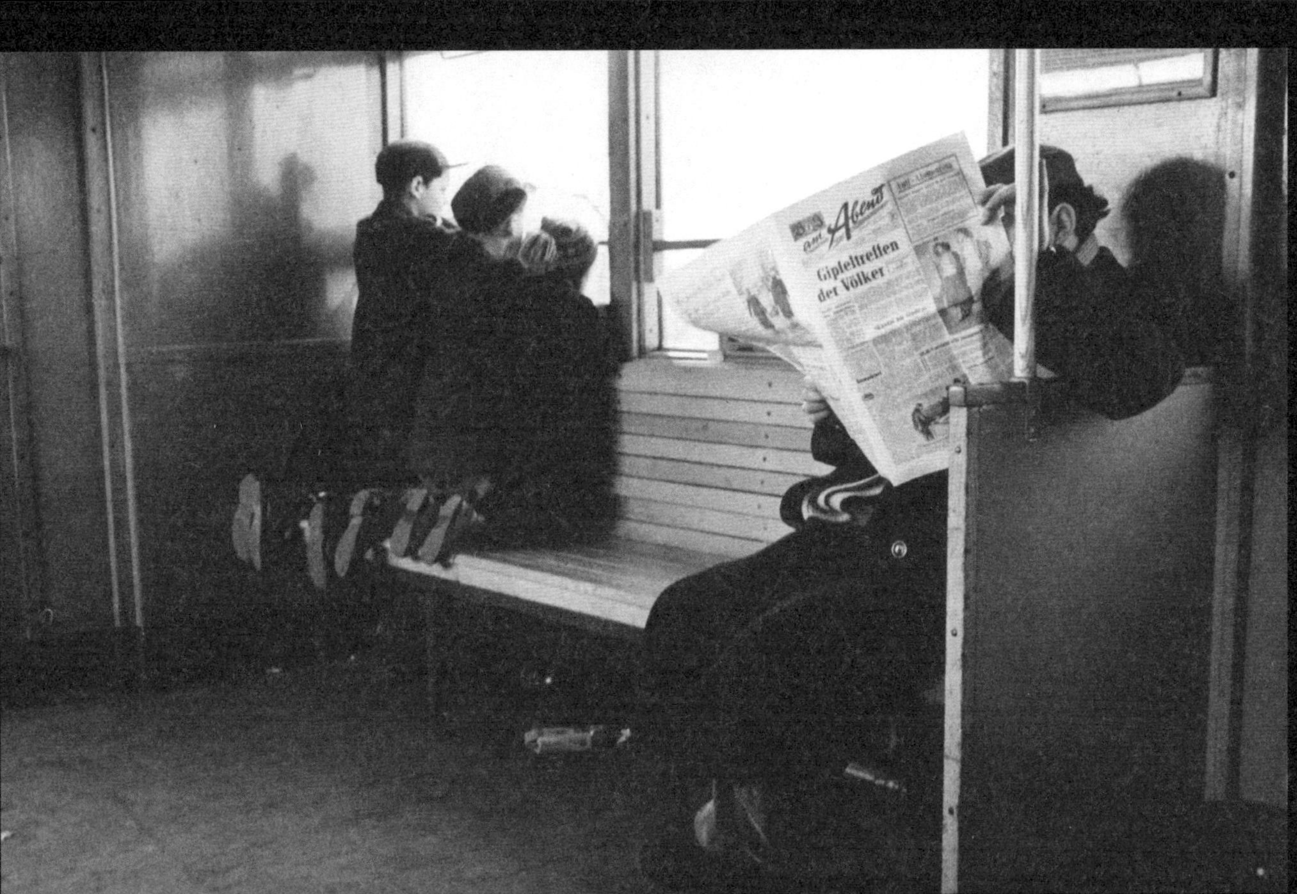
Abend
Gipfeltreffen der Völker

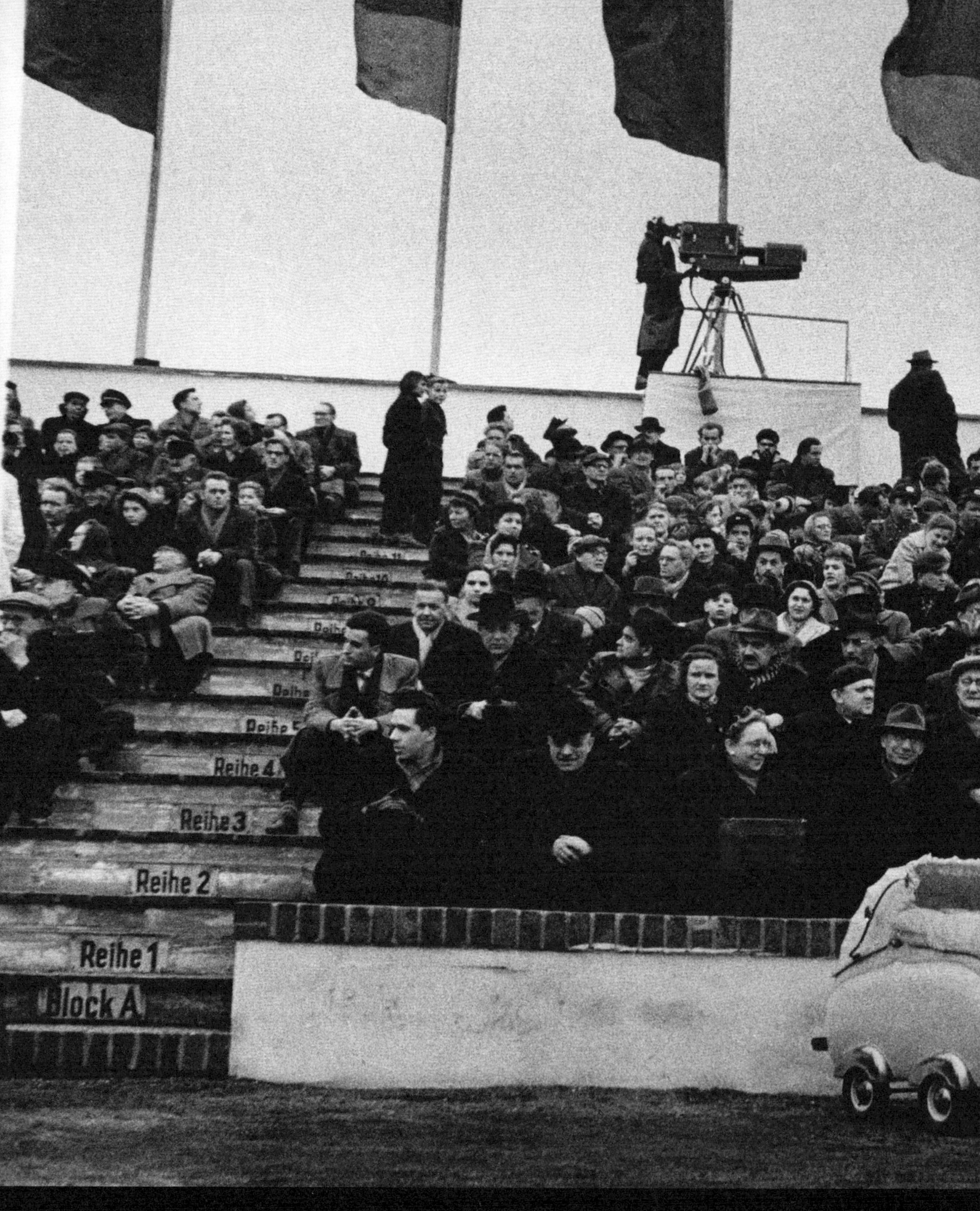
Reihe 4
Reihe 3
Reihe 2
Reihe 1
Block A

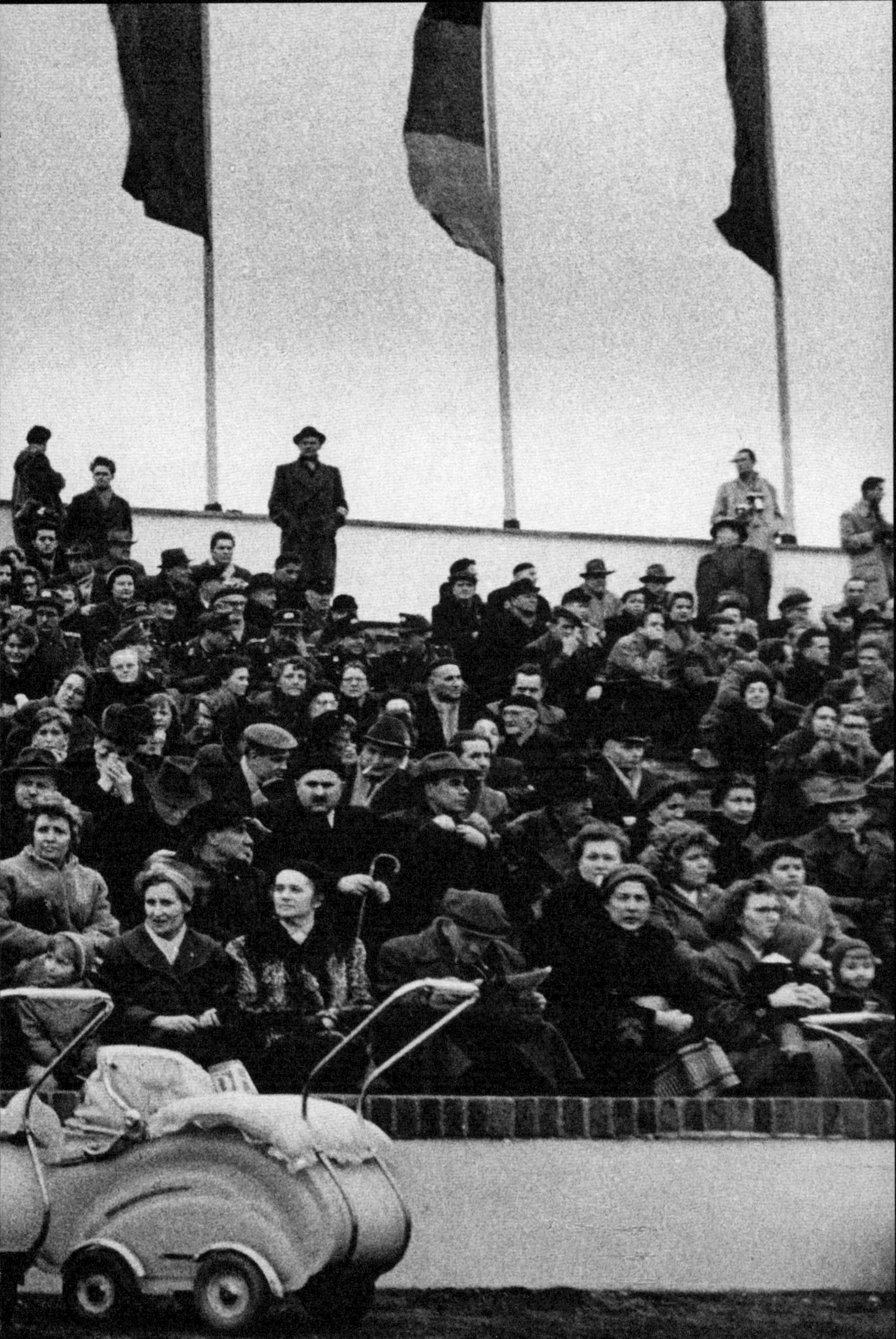

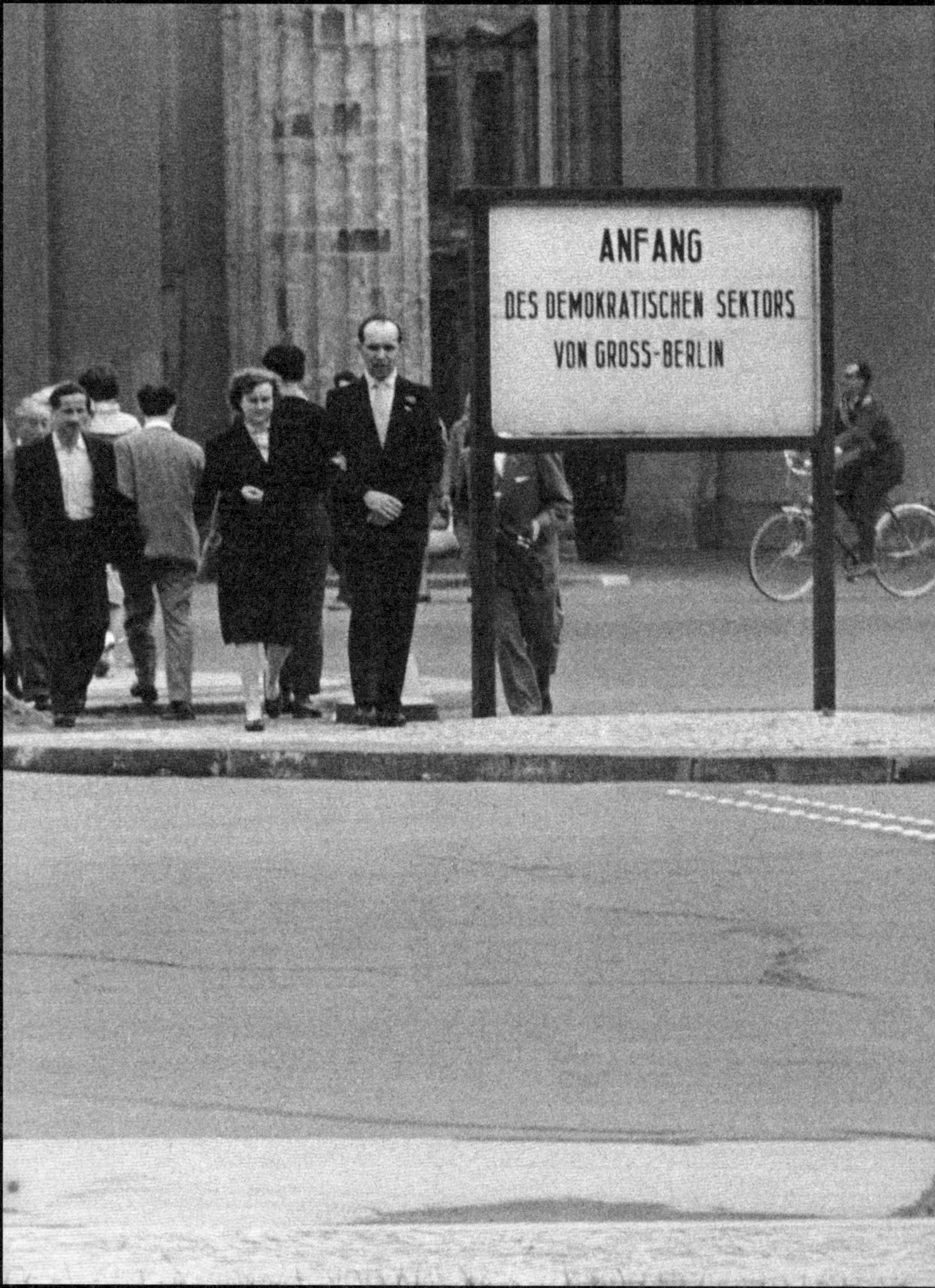

55

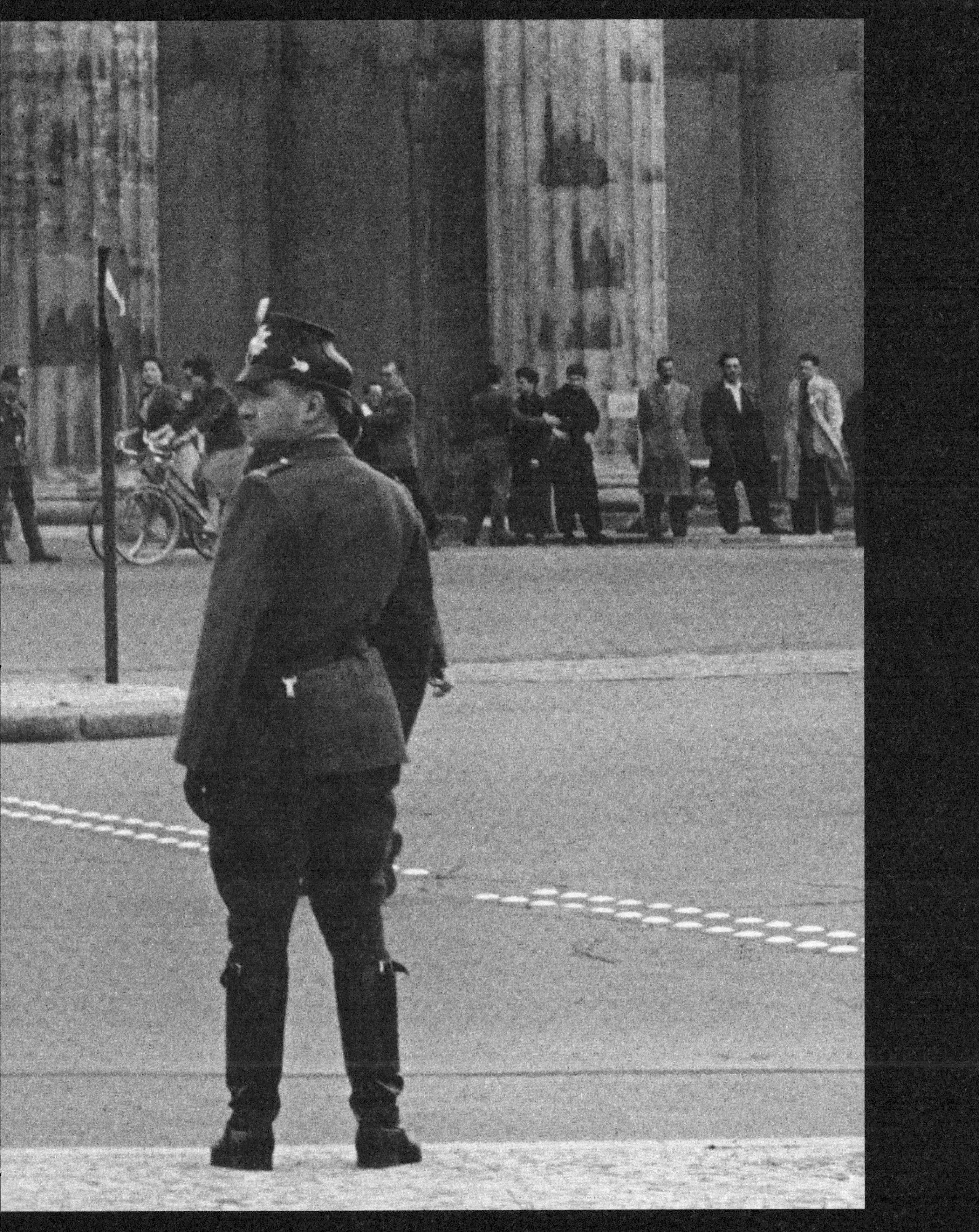

Situation Berlin

42 *Brennendes Berlin*, Silbergelatineabzug / Silver gelatin print, 36,3 × 47,8 cm, 1943 Private collection, Berlin / LOOCK Galerie, Berlin

43 *West-Berlin, Riss in der Mauer*, Silbergelatineabzug / Silver gelatin print, 38,5 × 26,1 cm, 1953, Erbengemeinschaft Arno Fischer / Arno Fischer Estate

44 *Ohne Titel*, Silbergelatine-abzug (Vintage) / Vintage silver gelatin print, 28,7 × 19 cm, ca. 1950s Galerie Berinson, Berlin

45 West-Berlin, Arbeitsamt Nord, Silbergelatine-abzug (Vintage) / Vintage silver gelatin print, 24,2 x 29,9 cm, ca. 1950s Galerie Berinson, Berlin

46 *West-Berlin, Stern des Gesetzes*, Silbergelatine-abzug (Vintage) / Vintage silver gelatin print, 29,6 × 23 cm, 1958 Galerie Berinson, Berlin

47 *West-Berlin, Kaiser-Wilhelm-Gedächtniskirche*, Silbergelatineabzug (Vintage) / Vintage silver gelatin print, 25,5 × 21,4 cm, 1957 Galerie Berinson, Berlin

48 *Ost-Berlin, Friedensfahrt, Prenzlauer Berg*, Silbergelatineabzug / Silver gelatin print, 36,5 × 47,6 cm, 1957 Private collection, Berlin / LOOCK Galerie, Berlin

49 *West-Berlin, ehemaliges Gebäude des Reichsverbandes der deutschen Luftfahrtindustrie, Tiergarten*, Silbergelatine-abzug / Silver gelatin print, 36,6 × 41,7 cm, 1957

Private collection, Berlin / LOOCK Galerie, Berlin

50 *Ost-Berlin, Unter den Linden-Kommode*, Silbergelatineabzug / Silver gelatin print, 35,9 × 48,3 cm, 1956
Private collection, Berlin / LOOCK Galerie, Berlin

51 *West-Berlin, Kurfürstendamm*, Silbergelatineabzug / Silver gelatin print, 36,4 × 47,7 cm, 1957
Private collection, Berlin / LOOCK Galerie, Berlin

52 *Ost-Berlin, anlässlich des ersten Besuchs N.S. Chruschtschows, Friedrichshain*, Silbergelatineabzug / Silver gelatin print, 36,1 × 48,2 cm, 1957
Private collection, Berlin / LOOCK Galerie, Berlin

53 *Ost-Berlin*, Silbergelatineabzug / Silver gelatin print, 36,5 × 47,4 cm, 1956
Private collection, Berlin / LOOCK Galerie, Berlin

54 *Ost-Berlin, Tag der Republik*, Silbergelatineabzug / Silver gelatin print, 36,5 × 47,7 cm, 1958
Private collection, Berlin / LOOCK Galerie, Berlin

55 *West-Berlin, Brandenburger Tor*, Silbergelatineabzug / Silver gelatin print, 36,7 × 47,9 cm, 1958
Private collection, Berlin / LOOCK Galerie, Berlin

Colophon / Impressum

Diese Publikation erscheint anlässlich der Ausstellung / This book is published on the occasion of the exhibition *Arno Fischer: Eine Reise* Schloss Kummerow 8.5 – 31.10.2022

Konzept und Redaktion / Concept and editing
Dr. Candice M. Hamelin

Mitarbeit / Collaboration
Aileen Kunert, Direktorin / Director Schloss Kummerow

Grafik / Graphic design
Neue Gestaltung, Berlin

Bildbearbeitung / Image editing
Neue Gestaltung, Berlin

Reproduktion / Reproduction
Harf Zimmermann

Digitale Restaurierung und Bearbeitung von Farbmodefotografien / Digital Restoration and Editing of Color Fashion Photographs
Harf Zimmermann

Produktion / Production
Friedrich Loock

Übersetzungen / Translations
Nikolaus G. Schneider

Presse / Press
Denhart v. Harling

Dank / Acknowledgements: NORD/LB Kulturstiftung, Erbengemeinschaft Arno Fischer / Arno Fischer Estate, LOOCK Galerie, Galerie Berinson, Berlin sowie durch weitere private Leihgeber*innen.

Erschienen bei / Published by
Snoeck Verlagsgesellschaft mbH
Nievenheimer Str. 18,
50739 Köln
www.snoeck.de

ISBN 978-3-86442-386-4
Printed in Germany

Alle Rechte vorbehalten. Kein Teil dieses Buches darf ohne vorherige schriftliche Zustimmung des Verlags in irgendeiner Form reproduziert oder unter Verwendung elektronischer Systeme vervielfältigt oder verbreitet werden.

All rights reserved. No part of this book may be reproduced or transmitted in any form or by any means without the prior written permission from the publisher.

Gefördert durch / Funded by

NORD/LB kulturstiftung

SCHLOSS KUMMEROW